うたと積木とおはなしと
遊びと発達

渡邊葉子

エイデル研究所

CONTENTS

第1部
積木遊び —その魅力— ……………7

「真剣」って楽しい……………8
なかでも「積木遊び」……………9
どうしてこんなに楽しいの？……………10
積木とうたとおはなしと……………12
乳児期から……………12
「積木」と出会うまで……………13

第2部 積木と出会うまでⅠ
遊びを知る……………15

遊びと道具……………16
道具選びの観点……………16
遊びの分類……………18
【二つの性質（遊びの分類Ⅰ）】—乳児期の遊びにおける積木の位置—……………19
【仲間関係（遊びの分類Ⅱ）】—社会化形成—……………22

CONTENTS

第3部 積木と出会うまでⅡ
発達を知る……27

0歳児期の発達と遊び……28

名脇役になろう―発達の順次性を知る―……28

粗大運動発達と微細運動発達……29

微細運動発達と積木遊び―微細運動を促す『操作・機能練習遊び』―……31

発達の順次表……32

第4部 積木と出会うまでⅢ
―積木遊びの練習―……61

積木遊びの練習―いろいろな遊び―……62

第1章 【布】を使った遊び……63

【布】……64

生まれたときからいっしょ……64

感触を楽しむ……64

自分でできた！―自我・社会性の芽生えとともに―……66

こんなふうにも　あんなふうにも―高まる器用性と社会性―……69

たかが布、されど布―種も仕掛けもない一枚の布で　乳児から幼児まで―……70

柔らかく　ゆったりと……72

第2章　【入れたり出したり】の遊び……75

【入れたり出したり】…………76
「入れたり出したり」に含まれる課題的要素…………77
「入れたり出したり」の道具と遊び…………79
音〜〜〜〜〜…………86

第3章　【通す】遊び…………89

木も見て森も見よう…………90
生活と遊び―その関連性―…………90
【通す】…………96
「通す」の道具と遊び…………97
どうぶつたちと…………106

第4章　【集める】遊び…………115

【集める】…………116
「集める」から〔分ける〕へ…………117
「食」は文化…………119

第5章　【並べる】遊び…………125

CONTENTS

【並べる】……… 126
「並べる」の道具……… 128
「並べる」遊びとわらべうた・ごろあわせ……… 131
「並べる」遊び……… 133
つーながれ……… 136

第6章 【重ねる】遊び……… 141

点と線……… 142
【積む・重ねる】……… 143
「重ねる」の道具と遊び……… 144
のせて　のせて……… 148

《付録》
わらべうた楽譜集……… 153
ねん、ねん、ねやまの／名前呼び／ギッチョギッチョ（トナエウタ）／イナイイナイバー／いもむしごろごろ／かくれよ　ばー／もみすりおかた／ジーカイテポン／でこちゃんはなちゃん／チョチチョチ・カイグリカイグリ・オツムテンテン（トナエウタ）／ドドッコヤガイン（トナエウタ）／コゾーネロ・オイシャネロ（トナエウタ）／アシアシアヒル（トナエウタ）／ドッチンカッチンカジヤノコ／チュッチュコッコ（トナエウタ）／うえからしたから／ももや　ももや／このこどこのこ／こりゃどこの／おつきさんこんばんは／おつきさまえらいの／こめついたら／だるまさん／バッタンバッタン（トナエウタ）／つーながれ／ひっとり　ふったり／いっちくたっちく／いちじく　にんじん／いたちごっこ／いちばちとまった

あとがき……… 166

うたと積木とおはなしと―遊びと発達

第1部

積木遊び
― その魅力 ―

「真剣」って楽しい　　なかでも「積木遊び」　　どうしてこんなに楽しいの？　　積木とうたとおはなしと
乳児期から　　「積木」と出会うまで

第1部　積木遊び——その魅力——

1 「真剣」って楽しい

　自分たちの街、家族旅行などで出会った風景、絵はがきや写真、絵本の中の一場面、テレビで見たドミノ倒し大会…等々、自分の体験や空想・憧れが、「積木」によって再現・表現される構造遊びコーナー。種類・数量ともに豊富な積木と楽しげな友だちとのやりとり。保育室で日常見られる光景です。

　遊ぶ子どもたちの生き生きとした笑顔や会話、真剣で誇らしげな表情には、「おもしろい」「楽しい」「もっと」といった遊びの本質がいっぱい詰まっています。そう、遊びは真剣勝負、だから楽しいのです。

　"ふざけ合う楽しさもあるけれど、真剣に遊ぶ楽しさの方がずっと奥が深いんだ"と、遊びの本当の意味を大人に示してくれているのです。「子どもの発達に"遊び"は必要不可欠」と、誰もが遊びの重要性を認識していることと思いますが、今一度、「真の楽しさ」、すなわち、「人としての子どもを育てる遊び」という視点から遊びを見直し、考える必要もあるのではないでしょうか。

　さまざまな問題をかかえる現代社会だからこそ、あふれる情報や物にのまれぬよう原点に立ち戻り、吟味するのが大人の重要な役割なのではないでしょうか。子どもは、遊びの中で生き方までをも学びとっていくのですから。

なかでも「積木遊び」

　ひとくちに「遊び」といっても、その内容は多種多様（室内・戸外・季節といった環境による分類、遊びの性質による分類、年齢や発達段階による分類等々）、とてつもなく広いものであり、またそれらは互いに微妙に絡み合い、相乗効果を呼び、発展していくものと考えます。そうした中、「積木遊び」は、真剣さなくしては成り立たない奥深く豊かな遊びのひとつだと思います（ここで、『げ・ん・き』No.54の巻頭口絵カラー紙上で、相沢康夫さん・森田澄江さんが紹介しておられる写真が思い起こされます。まさに積木遊びの魅力が集約されている写真でした）。

　本書では、「積木遊び」を柱として取り上げ、その魅力をさまざまな角度から探りながら、いろいろな遊びとのつながりや、遊びと子どもの発達との関係について考えていきたいと思います。

　積木を愛して止まない積木好きの方は大勢おられ、皆さん、それぞれの畑（分野）でその愛をお育てのことでしょう。私の畑は、保育園です。そういった意味では、積木との付き合いはまだまだ浅く、達人の方々の比ではなく、こうして語るのに少々の気後れも否めませんが、保育士としての視点からの思いを伝えさせてください。

第1部　積木遊び ——その魅力——

🐰 どうしてこんなに楽しいの？

　本来、「好き」という感情に理屈は不要なのかも知れません。子どもにとっては、「楽しい！」がすべてです。ですが、大人はあえてそこに一歩踏み込み、分析しなければなりません。広角的に物事を見つめる柔軟な目を持って。

　派手な装飾もボタンひとつで動く仕掛けもない、そのままではただの木片である積木。しかし、実はそれこそが積木の持つ美しさであり、最強の仕掛けなのです。確かにハイテクを駆使した流行最先端のおもちゃには、人目をひくインパクトがあり、思わず手に取りたくなります。ところが、それらはたいがいパッと飛びつき、ちょっと遊んでそっと忘れられていくのではないでしょうか。それとは正反対に、ゆっくりと手に取り、じっくり遊び込み、ずっと愛されるのが積木です。

　この差はどこからくるのでしょう。そのひとつは、それ自体が完成体をなしているという点ではないでしょうか。つまり、"つくる"楽しさがほとんど残されていないのです。たぶん、仕組みを知り尽くしたところで興味が薄れていくのでしょう。一方、積木にはこの"つくる"があります。それがすべてというほどに。きっと人は、"つくる"ことが好きなのでしょう。

　何かをつくったり生み出したりしながら、人は歴史をつないできているのですから。有形無形を問わず、何かをつくることは自己表現であり、そこに人はそれぞれの生きざまや存在を見出すのでしょう。積木は、人としての子どもにつくる喜びを教えてくれるのです。

　積木遊びの、"つくる"には、ルールと自由があります。見通しや目測という思考力を働かせます。地道な努力とその成果があります。ままならぬもどかしさとそれを制覇する達成感があります。成功の喜びとそれを襲う思わぬアクシデントや失敗もあります。葛藤や忍耐と諦め（現

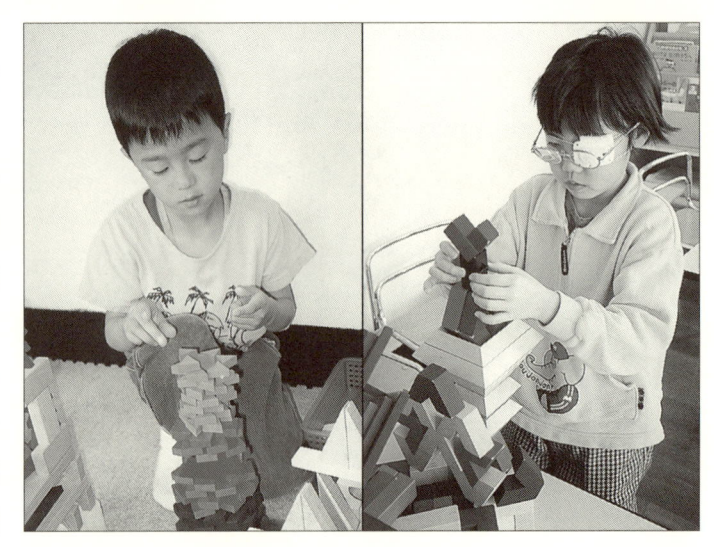

実を受け止める）もあります。挫折と再起、再起と成長、さらなる意欲、失意と喜びがあります。自分と他の存在、個と和があります。まるで人生そのもののようです。"人生、そう甘くはない。だが、苦楽背中合わせだからこそおもしろいのも人生だ"と、人生の機微までも積木は教えてくれているかのようです。

日進月歩の社会、便利さや手軽さや快適さを追求するのもよいが、それは同時に、生まれた時点から、すでに子どもの我慢や葛藤や努力の機会を大人自らが奪ってしまっていることにもなるんだと、私たち大人は気づかなければなりません。人として生きるすべ、基本となる倫理観を学ぶのは、大きくなってからではない、乳幼児期なのですから。日々の生活や遊びの中で、これから出会うであろう人生の荒波との闘い方と楽しみ方を、この子ども時代に練習・習得していくのですから。

次に、"つくる"と並ぶ積木の重要な要素に、"呼吸"があげられます。

凹凸をきっちりとはめ合わせて組み立てるブロックと異なり、わずかにかかる力でも崩れる積木。並べたり積んだりする時、「グッ」と息を飲んだり、「ハァーッ」と吐いたり、動きと一緒に、"呼吸"が起こります。「息抜きをする」「一服する」「一息入れる」などのことばにもあるように、緊張と解放のほどよいバランスも心身を育てる大切な要素なのです。

さらには、積木の素材そのものが持つ魅力です。積木という形に姿を変える以前、積木もどこかの森や林で生きていたということです。人が木に温もりを感じるのは、同じ命通うもの同士だからではないでしょうか。

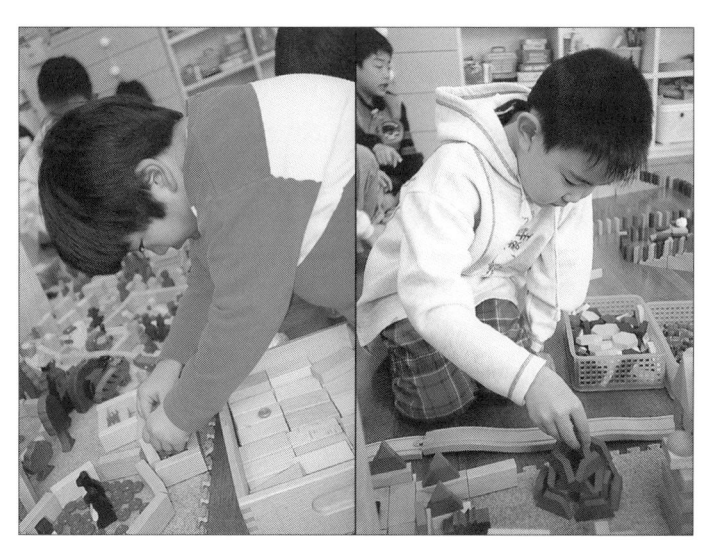

ここから学ぶべきことは、食べることも同様、人の命は人以外の多くの生き物の犠牲の上に成り立っているという事実を忘れずに、人はその命を受け、形を変えども生かしていかなければならないということでしょう。保育室では今日も、積木と子どもたちとの間に温もりが通い合っています。

さて、ここまで積木遊びを大きく

第1部　積木遊び ——その魅力——

外側から倫理的な視野で見つめてきましたが、ここからは、より具体的・実践的な魅力へとていねいに迫っていければと思っています。まだ先は長いです。何しろ奥が深く果てしないのですから、積木と子どもが秘める可能性は。

積木とうたとおはなしと

先に、遊びはいろいろなものが幾重にも重なり合い、豊かになっていくということに少し触れましたが、積木遊びも同様で、積木の隣には、いつも「うた」や「おはなし」が一緒にあります。並べる・積むのリズミカルな動きに自然と合わさるごろあわせやわらべうた、立体をつくりあげる中で生まれる詩やおはなし、子どもたちは積木に視覚的イメージだけでなく、心の声も投影し、命を吹き込んでいるのです。そのあたりの様子も合わせてご紹介していきたいと思っています。

乳児期から

皆さんは「積木遊び」という響きから、どんな絵を思い浮かべますか。たとえば、友だちと積木を囲み遊ぶ姿、精巧に組まれたカラフルで美しいオブジェのような作品、今にもおはなしが聞こえてきそうな風景的な作品等々、いろいろな場面が浮かび、夢広がりますが、それらはいずれも積木遊びを楽しめるだけの技術的・精神的成長を遂げてきている幼児以上の姿のイメージだと思います。

ところが、「ローマは一日にして成らず」「千里の道も一歩から」の諺にもあるように、積木遊びは一朝一夕に、ある日突如として上達するはずはなく、そこに至るまでには長い長い道のりがあるのです。そしてそれは、生後間もなくの乳児期から始まるのです。もっと言えば、積木は乳児期にこそ出会わせてあげたい遊具・遊びなのです。

あらゆる面で、未発達の乳児期に角のある硬い積木は危険で不向き。特に自我が芽生え始め、まだそれをコントロールすることはおろか、表現するすべすら持ちえない時期には、そ

のままならぬ感情を攻撃的行為（叩く・投げるなど）で示すこともしばしばで、積木はその行為を助長してしまうのではないか、という大人側の懸念も分からなくはありません。

　しかしその心配は不要、むしろ逆です。積木は、この自分でも整理がつかず言葉にならない思いや不安を、自分に代わって表現してくれる最高の友だちとなるのです。また、どんな大作も、必ず1個目、1段目から並べ積む、単調な繰り返しから始まるという点を見ても、乳児期にこそ、積木と出会うべきだと考えます。ただし、それには大人側の課題も重要になります。環境整備や計画、はたらきかけといった実践面、そして何より子どもを信じることが大切です。"大きくなりたい""もっと素敵に"という向上心、生きる力を信じて、大人の役割を果していけば、子どもは必ず応えてくれます。

「積木」と出会うまで

　乳児期の成長を促す遊びを有効に提供するために、まず、この時期の発達段階と、それを助ける遊びについて認識しましょう。実際の積木と出会うまでに、子どもはどんな道のりを辿っていくのでしょうか。後に、積木と絶好の出会いを迎えるためには、積木を扱える身体的発達と精神的発達（集中力・思考力・知的好奇心など）を助長する遊びが、まずは重要と考え、本書では、そこから説いていきたいと思います。

うたと積木とおはなしと―遊びと発達

第2部

積木と出会うまでⅠ
遊びを知る

遊びと道具　道具選びの観点　遊びの分類　【二つの性質（遊びの分類Ⅰ）】―乳児期の遊びにおける積木の位置―
【仲間関係（遊びの分類Ⅱ）】―社会化形成―

遊びと道具

　乳児にとって、遊びは学習です。学習には、学習教材・器具・用具・といった道具が必要です。すなわち、「おもちゃ」は、乳児期の遊びという名の学習を助ける道具であり、とても重要な役割を果たすものとなるのです。そして、これには、いわゆる一般的に考えられる既製品である市販のおもちゃに加え、手作りおもちゃや、生活用品を含む身近なものや自然物などさまざまなものがあります。これら、乳児の遊びの支えとなるものを総称して、「道具」といいます。

　道具以前の大人との関係や、大人側からのはたらきかけも、もちろん、乳児の遊びを助ける重要な要素ですが、そのことも踏まえた上で、ここでは「道具」に焦点を絞って考えてみましょう。

　「弘法、筆を選ばず」という諺がありますが、これは達人や熟練者をたとえているもので、ある職人の話に「未熟なうちほど、道具選びは重要なポイントで、よい道具、自分に合った道具を選び、正しく使って練習を重ねていくことが上達への近道となる」と聞いたことがあります。乳児期は、まさにその未熟な時代、道具によって遊びが誘発され、継続するので、それぞれの時期にふさわしい遊びの道具を大人が選び、発達を助けることが大切です。どの遊び、道具がこの子どもの何を助けるのか、また、助けたいのかというように、目の前の子どもをよく見つめることと、道具の性質を分析することを、常にセットで考えることが大人側の課題となるのです。また、「まだわからないから…」とか「できるようになるまではとりあえずこれで…」というような、常に間に合わせのような考え方から選ぶのではなく、初めてだからこそ、本物や確かなものと出会わせてあげたいという願いをもって選びたいものです。

道具選びの観点

　では、実際に道具を選ぶときの観点について考えてみましょう。

　"遊びは学習"ですから、当然、その内容は変化、成長していくもので、それに伴なう道具も同様であると考えられ、大人は、先の見通しももってそれらを選び、子どもに提供していかなければなりません。そして、ある時期から次の時期への発達を見通して、子どもの成長発達を助けるものを選ぶということのなかには、道具の色・形・材質などのいくつかの観点が含まれています。

　色は、視力の点から考えても、生理色といわれる赤・青・黄・緑などの鮮明なものを中心に選ぶとよいでしょう。

形態・仕組みとしては、多機能的であること、すなわちひとつの道具を多面的に使え、幾通りにも遊べ、対象年齢の幅の広いようなもの。こういったものは、子どものイマジネーションを高めてくれます。たとえば、車にしかならない実物と同じ形をしたミニカーよりも、車にも食べ物にも煉瓦にも見たてられる積木というように。また、乳児が操作しやすいものというのも、ひとつの基準となります。たとえば、人形類ならば、顔のつくりなどどれだけ精巧に作られているかということよりは、基本的な身体の成り立ちを備えつつ、かかえやすいもの、手足をつかみやすいものがよいでしょう。

　次に、道具の材質の感触の違いを知ることも大切です。堅い・柔らかい・ツルツル・ザラザラ・フカフカ・直線的・曲線的・ふんわり・どっしり…等、体や手に触れたときの感触を楽しみながら、ものの性質を知っていきます。

　以上の観点を伴う具体例を実践のなかからいくつかご紹介しましょう。

[ぬいぐるみ]（ドイツ・ジルケ社）
■肌ざわりのよい素材と、抱きしめたときに自分の体にフィットする存在感（大きさ）が安心感を与えます。
■2種類のタオル地から成り、遊びながらその感触の違いを肌で感じていきます。
　・顔と手と足先…ループ状のタオル地
　・衣服（胴体から脚）と耳の内側…パイル状のタオル地
■色は3色で構成されています。
　・肌（毛並み）に当たる部位が白茶色
　　目・鼻は焦げ茶色（刺しゅう糸）
　・衣服全体は紺色
　・腹部のポケットと耳の内側が赤色

[洗面器（たらい）〜生活用品〜]
　一般的な日用品である洗面器やたらいは、世話遊びにおいてぬいぐるみや人形のお風呂になったり、または、ひっくり返して自分の腰かけになったり、大型積木と組み合わせて車のハンドルになったりなど、いろいろなものに見たてられます（多機能的）。

[ボウル〜生活用品〜]
　洗面器よりも小振りなボウルは、子どもの頭のサイズにピッタリ。入れものだけでなく、帽子やヘルメットにもなります（多機能的）。

遊びの分類

　眠ることが生活のほとんどを占める新生児期から、日々、年々、成長していくに従って、子どもの遊びは、その種類も内容もさまざまに変化していきます。同じ道具、なじみの道具でも、その使い方、遊び方が、より高度、広範囲なものへと広がっていったり、ある年齢で初めての道具や遊びと出会ったりというように、成長とともに、子どもの遊びは縦にも横にも広がりをみせていきます。

　しかし、ここで大人が意識しなければならないのは、子どもの遊びが、"広く浅く"あるいは"なんとなく"──常に何かの遊びに参加しており、遊んでいるように見受けられるが、どれも遊び込めずにいる──になってはいないかということです。

　子どもと一対一で向き合い、共感し合える0歳児期、遊びは単調で単純なものでも、その子どもの様子は細かく把握することができます。が、その後、大人に助けられながらもひとり遊びが盛んになり、やがて、他児との関わりもみられるようになり、2歳後半から3歳にかけ、子ども同士だけでの仲間遊びが盛んになってくると、その楽しげな全体の雰囲気から一見し、遊べていると、大人はとらえてしまいがちになります。しかし、そこに落とし穴が隠されているのです。流浪の民と化している子どもはいないか、個を見落としてはいないかということです。そうならないためにも、大人は、豊富になっていく子どもの遊びにつかったり流されたりせず、また、先へと進めるばかりでなく、時に、立ち止まり、傍観し、なお、助けるべき点は何かを見極めなければなりません。

　それには、絡んだり広がったりしている遊びを整理する必要があります。すなわち、それが「遊びの分類」です。

　遊び全体を分類したうえで、子どもの遊びを観察すると、それが、どんな要素をもった遊びから構成されているかが見えてきます。すると、そこに、過不足するものは何か、アンバランスさはどこからくるのかというサインが見つかり、そこを助ける手だてが見出しやすくなるのです。

　たとえば、料理遊びが大好きで、よく楽しんで取り組み、また、他児との関わりも見られ、ことばによる演出もなかなか見事ではあるが、その内容は、いつもガサガサの山盛り、ごった煮というような場合には、美しく、いかにもそれらしく見立てたり、盛りつけたりする、すなわち、"秩序正しく並べる"ことにポイントを置いた助けを提供するという具合です。

　または、パズルが得意で、集中して取り組んではいるが、ふと気づけば、いつもひとりでことば少なに自分だけの世界に入り込んで遊んでいる、あるいは、大型積木や大布を駆使して自分の家をつくり、そこにいろいろな遊具をかかえ込んでよく遊ぶが、他児の侵入を決し

て許さないなど、"仲間関係"という点での弱さが見える場合には、大人が、その子どもとまわりの子どものパイプ役となり、仲間関係を広げていく手助けをします。ここで気をつけたいのは、まだひとり遊びを充分に保障すべき時期なのか、あるいは、その先へと進むべきなのかなど、その子どもがもつ課題に応じた助けを施すということです。

　すなわち、大人は、その子どもがかかえている問題点が、遊びの種類にあるのか、他児との関係にあるのか、またはその両方なのかというようなことを見極める目をもち、遊びをよりよい方向へと導いていかなければなりません。

　こうして、大人は、できあがっている子どもの遊びを認めた上で、それを、一度、頭の中で分解し、足りない部品を添えたり、油を注したりして、さらなる前進を後押しするのです。客観的視点を伴う観察・分析を遊び心に加えて。

【二つの性質（遊びの分類Ⅰ）】
——乳児期の遊びにおける積木の位置——

　乳児期の遊びを、その性質から、大きく二つに分けて考えてみます。

　ひとつは、日常生活を鏡としたさまざまな"再現遊び"、もうひとつは、積木遊びに代表される"構成・構造遊び"です。

　前者は、日々の生活のなかで、子ども自身が体験した——いつも自分が大人にしてもらっている——ことの模倣・再現がそのまま遊びとなるもので、いわば、生活そのものが遊びのモデルとなるわけです。学習の参考資料は、子どもの身の辺りにたくさんあり、ある意味、大人からの意図的な提供がなくとも、子ども自身から自然と始まる要素ももっている遊びです。そして、各家庭や接する大人の持ち味とがあいまうことで遊びの雰囲気がかもし出され、流れ、展開していく再現遊びは、人の心の機微や触れ合いといった社会性を育てる情緒的な遊びであるととらえることができます。

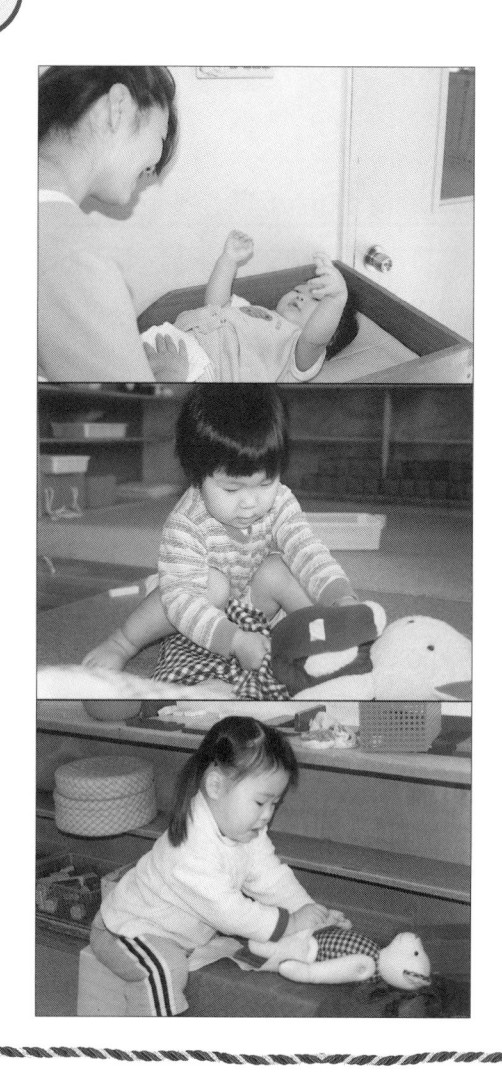

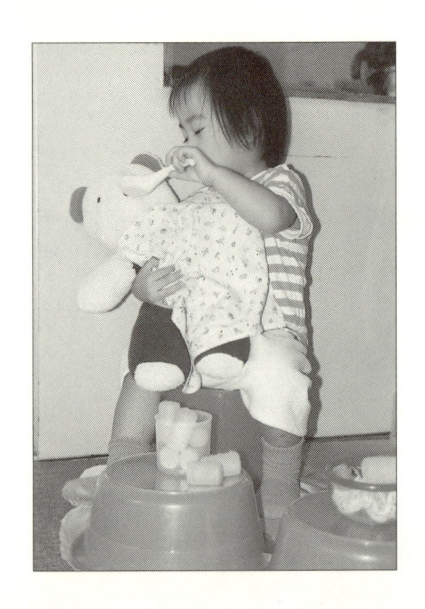

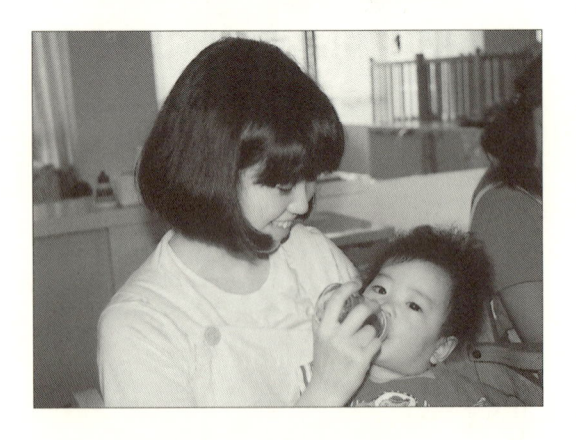

一方、後者の構成・構造遊びは、体験や心の動きだけでは広げていけない性質を持っています。

　どんなに優れた建築家でも、きっと、緻密な設計図も一本目の線を入れることから始め、基本となる何段階もの工程をひとつも抜くことなく通ってこそ、自由で豊かな個性の表現である完成へと至るのであろうと建築には無縁の素人にも想像することができます。

　まさに、このことこそが、積木遊びが持つ性質なのです。すなわち、基本と先の見通し、系統立った計画とそれに基づく大人側からの順序立った遊びの提供が、この遊びの発展の有無を大きく左右することになるのです。

　乳児期、再現遊びを感性の遊びととるならば、構成・構造遊びは、論理的な知性の遊びであると位置づけることができるでしょう。

　こうして、基本から計画的に着々と進めていくべき積木遊びは、単調な同じ行為の繰り返しから安心感を得る乳児期こそ、出会いの絶好機といえるでしょう。また、未熟な手指と心が、器用に知的に積木を操作するようになるまでの"積木の初めの一歩"の瞬間を見守れることは、大人にとってもとてもしあわせなことです。

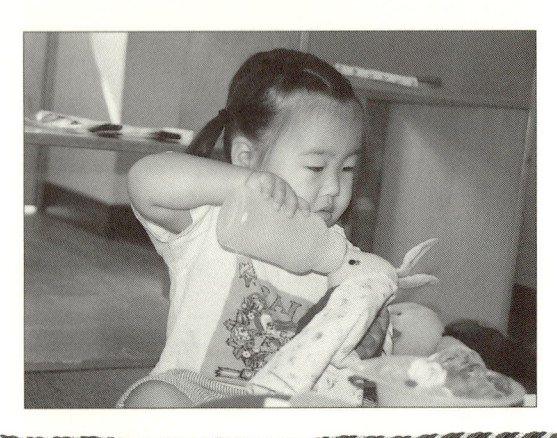

「お茶をどうぞ。
　　アツクないよ、
　　　　フーフーしたから。」

「歯みがきしょうね、くまさん。
　　シュッ　シュッ　シュッ…」

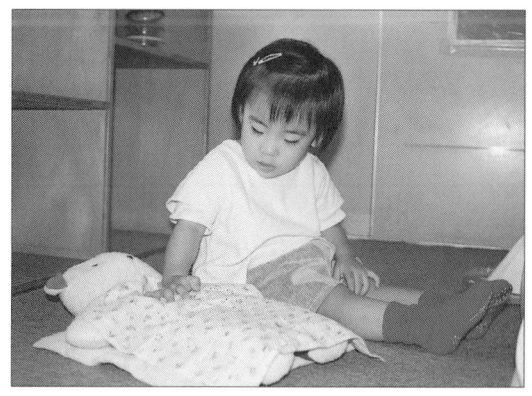

「くまさん、おねんねしようね、
　おうたうたったげるね。♪ねんねんね…」

ねん、ねん、ねやまの

r r　$r r r d$　$m m r d$　l_1　　$l_1 l_1 d d$　$r r r l_1$　d $s_1 s_1$　l_1

$\frac{2}{4}$

ねん　ねん,　ねやまの　こめやま　ち,　　こめやの　よこちょを　とーる　とき,
ちゅー ちゅー,　ねずみが　ないてい　た,　　なーんの　よーかと　きーたら　ば,
だいこく　さまの　おつかい　に,　　ねんねー　したこの　おつかい　に,
ぼーやも　は　やく　ねんねし　な,　　だいこく　さーまへ　まい　ります.

【仲間関係（遊びの分類Ⅱ）】
──社会化形成──

　遊びを分類するとき、遊びそのものの性質（種類）による分け方の他に、「仲間関係」に焦点を当てた分け方もあります。殊に、大人との遊びからひとり遊びへ、そして、ひとり遊びから仲間遊びへというように、他者との関わりを広げていく原点ともなる乳児期には、この視点をもった助けも重要なポイントとなります。

　保育現場では、父母による保育参観（参加）や、家庭と園での子どもの日常の様子を伝え合う、父母と保育士（あるいは、看護婦・栄養士）との面談等、保護者とともに子どもを育てていく為の工夫が、各々、施されていることと思います。そうしたなか、父母側から投げかけられる質問のうち、「我が子は、いつもひとりで遊んでいるようですが、友だちと遊べないのですか」とか「おもちゃをひとり占めしてばかりいたようですが、どうして仲よく使えないのでしょうか」といった、仲間関係についてのものがあります。0歳児クラスや1歳児クラスといった乳児期からも、そういったご心配を頂くことがあります。
　これらは皆、自分自身をしっかりもちつつも他者とわかり合い、社会の一員として心豊かに育ってほしいという、子どもへかける大人の願いそのものなのでしょう。ですが、そういった局面のみを見ての心配はいりません。何故なら、子どもが、人との関係をつくっていくのには過程・段階があるからです。たとえば、ことばで「仲よくしてね」と悟されるだけですぐに友だちになれるわけではなく、また、他児と居てもひとりで遊んでいるからといって、まわりに対してまるで無関心かといえば必ずしもそうではないのです。
　では、子どもは、どのようにして他者との関係をつくっていくのでしょうか。

　人が、生まれて初めて出会う他者は、母親、父親であり、または祖父母やきょうだいといった家族でしょう。そうした身近で安心できる大人を中心とした他者との関わりのなかで、子どもは、自分自身が受け入れられていることを知り、その幸福感が自己の存在を知ることへとつながっていきます。身近な大人との信頼関係を通して、ぼんやり漠然とではあるものの、"自分"というものを感じ始め、やがては、自分と他者の存在、自分にとっての他者、他者にとっての自分を知ることとなり、一進一退を繰り返しながら、ゆくゆくは、仲間関係の築き方を学んでいくのです。これが、いわゆる「社会化形成」の道のりであり、自我の形成とともに進んでいきます。

〈ひとり遊び〉

　生まれてから、心身ともに少しずつ成長発達を遂げ、おすわりやひとり歩き等、ある程度、子どもが自分の意思で自由に移動、探索できるようになってくる頃から、大人から一歩距離を置いたひとり遊びが盛んになります。この「ひとり遊び」は、仲間関係を築いていく過程でとても大切です。大人と遊んだ経験や大人が示す遊びのモデルを模倣、再現し、自分の遊びとしていくひとり遊びは、子どもが、遊びを通して自己実現させていく、すなわち、独立した存在である自分を知っていく機会にもなるからです。

　充分にひとり遊びを堪能し、自己が満たされることで、おのずと、自分のまわりへも目が向かうようになります。その対称が、主に大人であった段階から、自分と対等の存在でもある他児へと移っていくのです。

　他者との関わりを学ぶ原点ともなる乳児期に、子ども自身が、自己を実感できるような経験はとても大切であり、ひとり遊びを充分に提供し見守るという、大人の間接的な助けは、対話やスキンシップ等直接的な愛情表現と同じ位に重要なことです。また、もうひとつ、数人の子ども各々のひとり遊びの充実の為には、同じ道具を複数用意する、安心して集中できる空間を保障するといった環境面での助けも忘れてはなりません。

　こうしたひとり遊びの充実が、仲間関係を広げていくステップとなります。

〈ひとり遊びから仲間遊びへ〉

　「ひとり遊び」対する「仲間遊び」には、いくつかの形態があり、それらには、"並行遊び""模倣遊び""共有遊び""共同遊び"といったものがあります。これらは、微妙に重なり含み合う関係にあり、それぞれのことばの定義づけ、明確な線引きは難しいのですが、ある子どもの、または、クラスの子どもたちの仲間関係を見極め助ける際に、ひとつの手掛りとなる分類方法です。

　たとえば、ａちゃんは、一見すると、"ひとり遊び"に興じているようだが、よく観察してみると、近くで遊ぶｂちゃんのすることに見入っては同じようにして遊んでいるという場合、ａちゃんの遊びを"模倣遊び"ととらえることができます。この「模倣」は、ａがｂの遊びに対して"おもしろそうだな、素敵だな、自分もやってみたいな"という憧れや興味、関心を抱き、共感すればこそ起こる行為です。単なる人真似ではなく、模倣から入った遊びが、やってみて"やっぱりおもしろい"という自分自身による実感を伴うようになり、次第に、自分流、自分の遊びへと成長していく進化ある模倣なのです。さらに、それを見てｂが、あるいは別の子どもが模倣し…というように、広がりを見せていく可能性も秘めている

のです。

　また、表面上、直接的な関わりは見受けられず、各々マイペースで遊んでいるととれる"並行遊び"では、互いの間に適度な距離（パーソナルスペース）を保つことで、自分の遊び、存在を守りたいという自己主張と相手の存在、遊びも感じていたいという芽生えつつある仲間意識とのバランスをとっているということも考えられます。自分の世界を築くのに手一杯、誰にもこれをさわらせたくない、でも、ひとりきりで居るよりも時々互いの遊びを見合える友だちが近くに居る方が嬉しいと、それぞれに感じている状態であるともとらえることができるでしょう。

　さらに、並行関係であっても、また、それぞれの表現するもの（遊び方）が異なってはいても（あるいは同様でも）、何かひとつの空間や道具（遊具）を共有し合いながら各々の遊びを進めている状況が"共有遊び（空間の共有・道具の共有）"であり、並行遊びよりも仲間関係が一歩深まった形であるととらえることができます。

　そして、模倣あり、並行でもあり、共有も見られ、加えて、そこに子ども同士の直接的なやりとりも成立しているという形が"共同遊び"であり、最も発達した仲間遊びの形であるといえるでしょう。
　こうした流れから、模倣遊びも並行遊びも共有遊びも、それぞれの形（レベル）で相手の存在への意識が起こっているととらえることができ、まさにそれが仲間意識の芽生えであり、広い意味で、これらをまとめて「仲間遊び」ととらえます。

　これら遊びの形態が持つ要素は微妙に重なり合い、また、その段階の一進一退も見られますが、なかでもどの色が濃いのか、どこで停滞しているのか、そこでその子どもにとっての課題はどの部分にあるのかといった見方をすることで、子どもの遊び、仲間関係を助けるヒントを見出すことができるでしょう。
　こうして、「ひとり遊び」から「仲間遊び」へと遊びの形が広がっていくなかで、同時に、子どもは自分の社会を広げていきます。大人との関係中心の依存的要素の強い段階から、徐々に子ども同士の社会へ、つまりは、対等関係のなかでの自己主張と抑制（自我のコントロール）、認め合いといった心の自立へと発展させていくのです。自分を知って相手を知る、相手を知ってさらなる自分を知る…この社会化形成への道のりは、この先へも続く人との関わりのなかで自分自身をもちつつ他人(ひと)とともに生きる難しさと喜びを知る基本ともなるとて

も大切な過程なのです。

　実際の遊びの場面を参考にし、いくつか分析してみましょう（写真は、いずれも1歳児クラスのもの～実年齢では2歳を過ぎた子どもも居ます）。

▶いろは積木を並べるという遊びの種類は同じだが、いろは積木（道具）はあらかじめ大人に取り分けてもらったもので、また、並べる場所や視線の方向（空間）は各々異なっている。　─並行遊び─

◀左の子ども（a）がせんたくばさみを自分の衣服にはめて遊んでいるところへ、右の子ども（b）がやって来て同じことを始めた。　─bはaの模倣遊び─
　このとき、ひとつのかごの中のせんたくばさみ（道具）を二人で同時に使っている（aは自分が使っていた一部を譲り、bも全てを自分の元へと引き寄せることなく使っている）。　　　　　　　　─道具の共有─

▶棚の奥の一面に沿わせ、いろは積木を二人で交互に並べ積んでいくという慎重さを要するデリケートな遊びに取り組んでいる（自分だけでもできる遊びだが、二人ですればこそ得られるスリリングな楽しさと相手を信じ自分を信じてもらうことの喜びを感じている様子がうかがえる）。　　　─共同遊び─

　積木遊びも、ひとり遊びから仲間遊びへと発展していく進化する遊びです。まずはひとりでそれぞれがじっくりと並べ積む遊びから始まり、その充足感が他児の遊びを認める（他児がつくったものをむやみに壊さない）ことへとつながり、やがては、友だちとともに心と力を合わせ大作をつくり上げていく醍醐味を味わえるようになっていく遊びです。

　系統立った計画のもとに基本から積み上げていきたい操作的課題や思考的課題と合わせて育てていきたい心理的課題が、こうした遊びの分類のなかにも見えてくるのではないでしょうか。

うたと積木とおはなしと―遊びと発達

第3部

積木と出会うまでⅡ
発達を知る

0歳児期の発達と遊び　名脇役になろう―発達の順次性を知る―　粗大運動発達と微細運動発達　微細運動発達と積木遊び―微細運動を促す『操作・機能練習遊び』―　発達の順次表

0歳児期の発達と遊び

　ひとつの木片から次々と世界が広がる「積木遊び」。"遊び"とはいえ、大人をも虜にするほど、その魅力には、ひとことでは語り尽くせないものがあります。そんな積木遊びであるからこそ、子どもの成長過程において、ぜひ、出会わせてあげたい遊びのひとつであると考えます。しかし、そこには、"崩れやすい、崩れれば散乱する、再び一からやり直し"というように、単純そうに見えるが、ひと筋縄ではいかない厄介さもあります。ですが、厄介ゆえ愛しいというのも積木の魅力のひとつですから、その厄介さとうまくつき合えるようにさえなれば、積木遊びはどんどん楽しいものとなっていくのです。

　それには、積木と出会う前の心と体の準備が必要です。想像力・創造力といった思考的なものの他に、緻密性や器用性、根気と集中力といった技術的にも精神的にも高度なものが要求される積木遊びに向き合う準備です。では、子どもはそれらを、生後、どのような経過を辿り、獲得していくのでしょうか。

　自分の身体と指先とを自由に動かせるようになるまでの身体的機能の発達と、集中力や思考力、感情のコントロール等情緒面も含む知的発達を知るべく、本章では、積木と出会う前の時代の遊び——0歳児期からの発達と遊びの関係について考えてみましょう。

名脇役になろう
——発達の順次性を知る——

　子どもの育ちを思うとき、"よりバランスよく"と多くの方が願うことでしょう。子どもをとりまくさまざまな環境・背景のなかで、この"バランスのとれた育ち"を促し、助けるはたらきをもつもののひとつに、『遊び』があります。いろいろな遊びが、そのそれぞれのもつ特性により、子どもの成長発達を、その段階に応じて、さまざまな角度から刺激します。多種多様な性質をもつ幾つもの遊びが、独立したり、融合したりすることで、よいバランスが生まれるのです。子どもは遊ぶことでさまざまなことを学習していくのです。

　遊ぶのは、子ども自身であり、いわば、遊びの主役は子どもです。が、その遊びの道具や遊び方等、ヒントを示し、導く役割は大人が果たさなければなりません。子どもの遊びを豊かにしていくか否かは、大人側にかかっていると言っても過言ではないでしょう。

　遊びの主役である子どもが、自分で遊びを見つけ、自分の思いをそこに投影し、満たされる——つまりは、自分で考える、決断する、達成感を得、さらなる次へと挑むといった、いわば、生きる力をも学び得ていけるよう、大人は、脇役となり、主役を盛り立てていきましょう。人的にも物的にも、子どもの遊びを左右する環境になるということを念頭に、大人自

身も学び、自らを高める努力をしましょう。
　では、具体的にどうすれば、その名脇役になれるでしょうか。
　まず、大人自身が、人として心豊かに暮らし、自分自身の感性を磨くのもそのひとつでしょう。
　しかし、その一方で、『遊び』をより客観的・論理的な視点でとらえ、分析することも必要となってくるのではないでしょうか。"こう育ってほしい"と願い、子どもの遊びをサポートしていくためには、目の前の子どもの身の丈に見合った遊びを、その先の見通しももって選択し、示していくということが、大人に要求されるのです。すなわち、目の前の子どもを知ることと遊びを知ることが必要となるのです。
　目の前の子どもの姿を客観的にとらえるためには、そのめやすとなる子どもの一般的な"発達の順次性"を、大人は学ぶべきでしょう。これは、単に、「～カ月なのにまだできていないから遅れている」とか「～カ月先のことがもうできているから優れている」とかいった、いわゆるマニュアル的に当てはめて優劣をつけるということではありません。大切なのは「順次性」です。たとえば、あるめやすに達していなくても、順を追って育ってきていることと現在どの段階にあるのかを知れば、そこを目指し助けることができます。また、逆に、めやすよりも先に進んでいる場合は、それまでを振り返り、通るべき発達の道順を辿ってきているかを確認し、育ちそびれてきた部分があるならば、前に戻り、その部分を補っていかなければなりません（いわゆる「飛び越え発達」の問題です）。
　このように、よりよい育ちを助けるために、めやすを知ることが必要となるのです。目の前の子どもが丸ごと愛しければこそ、大人は、適切なサポートができるよう、柔（愛情・感情）と剛（理性・論理）の両面をもって、子どもと向き合っていきたいものですね。
　こうした考え方に基づき、すべての遊びの基本、始まりともなる"0歳児期の運動発達の順次性"を、それを助ける遊びと絡めながら追い、詳しく見ていきましょう。

粗大運動発達と微細運動発達

　人の動きを見てみると、そこには、大きく分けて二種類の動きがあります。ひとつは、立ったり、座ったり、歩いたり、しゃがんだりするといった身体全体を使った動き、もうひとつは、何かを握ったり、つまんだり、ひねったり、ペンや箸を使ったりするといった腕や手首や掌や指を使った動きです。そして、人は、双方の動きの連動や協応、統合によって日常生活にあるさまざまな所作をこなしています。
　こうした動きは、しっかりと座って、あるいは立ち上がって、手で積木を操作するといっ

た積木遊びに見られる動きとも共通しています。

　そこで、人が、生まれてから先、このような動きがとれるようになるまでにどのような道を辿っていくのかを知るべく、人としての動きの基本を獲得していく0歳児期の運動発達について見ていきましょう。

　生まれてからの体の発達を、『粗大運動を中心とした発達』と『微細運動を中心とした発達』の二つに分けて考えてみます。

【粗大運動を中心とした発達】

　『粗大運動』とは、主に、全身運動のことを指します。体の姿勢・移動を中心とした大筋活動や、腕・体幹・脚等、多くの筋活動を伴う大きな動きのことです。

　生まれてから歩けるまでに、体は、首、肩、腕、腰、脚という縦の順序に発達していきます。これを、重力に抗して体を持ち上げ支える抗重力筋の発達による姿勢と移動運動としてとらえ、その発達の様子を、順次性・法則性とも合わせ、見ていきましょう。

【微細運動を中心とした発達】

　『微細運動』とは、粗大運動発達と並行する運動発達で、主に、手の運動を中心とした小筋活動による運動を指します。肩から腕（肘）・手首・掌・指を動かす細かな運動のことをいいます。

　粗大運動が、体の姿勢や移動運動をつかさどるのに対し、微細運動は、手先の操作性にはたらきかけます。

　手指の運動機能発達の順次性についても、全身の運動機能発達と合わせ、見ていきましょう。

　粗大運動の繰り返しが、空間知覚や平衡感覚を育てるのに対し、微細運動の繰り返しは、体幹（中心）から指（末端）へと進む感覚の分化や、目と手の協応、手先の器用さを助け、育てます。このことを、積木遊びに照らし合わせてみると、粗大運動が、積木遊びの姿勢をとるまでの全身の機能発達を促す運動であり、微細運動は、積木を扱う手先の機能発達を高める運動であるといえ、まさに、積木遊びと直結する動きとなるわけです。

　この粗大運動と微細運動は、ともに、主に遊びによって促されます。

　道具（吊るし道具・ジャンボクッション・くぐり棚・引き遊具・大箱等）に助けられながらも、主に"自分の身体を使った遊び"が、全身の機能練習遊びとなる粗大運動に対し、微細運動は、"もの（道具）による操作・機能練習遊び"が大いにその発達を助け、その道具は、種類、数ともに、粗大運動のそれをはるかに超えるものがあります。

　この"ものによる操作・機能練習遊び"は、目と手の協応や手先の器用さを発達させる一方で、さまざまなものとの出会いにより、ものに適応し、ものの性質を知っていくという知的発達をも促します。

微細運動発達と積木遊び
──微細運動を促す『操作・機能練習遊び』──

　積木遊びはもちろんのこと、その他の遊びやさまざまな活動、および日常生活において手先を使う機会は数えきれないほどにあります。手や指の運動機能を刺激し、その操作性を高める要素をもったさまざまな遊びを総称して『操作・機能練習遊び』と呼びます。

　この遊びの具体的内容（遊びの種類とその道具）については、後の、発達の順次表および第4部にて詳しくご紹介していきますが、その前に、操作・機能練習遊びにある課題的要素と積木遊びとの関連性についておさえておきましょう。

　まず、積木遊びにおける手の動きには、どんなものがあるかを考えてみます。たとえば、"並べる・積む"という行為をとってみると、そこには、"積木を手でつかみ取る""狙った点に置く""積木から手を離す"と、おおまかに分類しても三つの動きがあります。このことをさらに細かく分析すると、

・生後間もない頃にギュッと握られていた手が開くようになること
・目でものをとらえ（凝視・追視）、とらえたものを手でつかみ取ること（目と手の協応）
・ものの持ち方が、掌中心の握りから指先によるものとなること（感覚の分化）
・積木を並べる・積むという目的意識と意志を持つこと
・積木を手に取ってから離すまで集中力を持続させること
・こうしたらこうなるというある程度の予測と期待感を持ち、結果を受けとめること

等、いくつもの運動的および知的発達課題が見えてきます。つまり、積木遊びの基本中の基本ともいうべき"並べる"という単純な操作に至るまでにも、その手と心をつくり上げる為の練習がまず必要となるということがわかります。

　そこで、『操作・機能練習遊び』を提供するにあたって盛り込むべき課題的要素は、まず、"手の動き"から見ると、さわる・つかむ・握る・つまむ・振る・放す・引っ張る・押す・叩く・ひねる・入れる・出す・通す・重ねる・はめる・並べる・積む・詰める・かきまぜる等の行為があげられ、これらには、腕の上げ下げや掌の開閉、両手の協応、手首の返し、目と手の協応といった運動的課題が含まれています。また、"知的発達"から見ると、ものの性質を知るという課題があげられます。遊びの対象であるものの色や形・大きさ・重さ・感触・音・構造等がどうなっているのかを遊びながら知ることで、ものに適応していくことが促され、その反復が、自己の有能感を形成するのです。そして、やがては、物事の法則性や社会的ルールの基盤を築くことへと導いてくれるのです。

第3部 積木と出会うまでⅡ 発達を知る

首すわり以前の頃（1～2ヵ月頃）

粗大運動を中心とした発達

- 仰向けで屈曲姿勢。
- 仰向けで寝た姿勢が左右非対称。
- 近くで話しかけられると、じっと見たり追視したりします。口を開けたり閉じたりと、大人の口の動きに同調し真似ます。

＊顔を見て、左右・正面から優しくゆっくりと話しかけましょう。また、赤い布などの色のはっきりしたものや、吊るし遊具、ガラガラなども凝視・追視を誘います。

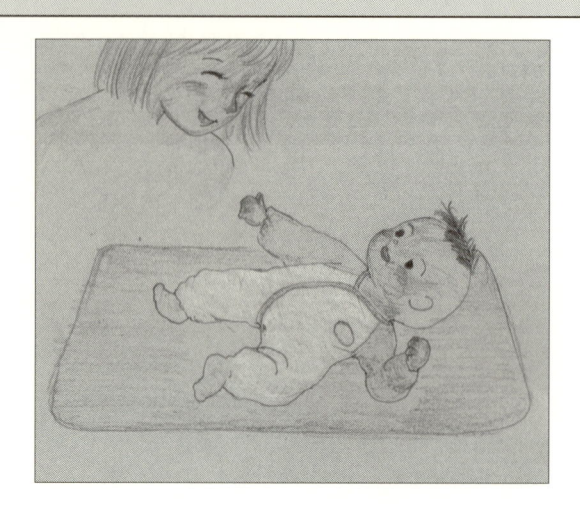

＊「ンックーン　ンックーン」と喉の奥を鳴らすように声を出す（咽喉音）のもこの時期で、大人がこれを真似ると赤ちゃんも「ンックーン」と応えてくれたという喜びの経験をお持ちの方もいらっしゃることでしょう。これは、会話（話す⇔答えを待つという形）の始まりで、遠野では「うんこ語り」と呼ばれ伝承される"赤ちゃんの遊び唄"です（阿部ヤヱさん伝承）。

微細運動を中心とした発達

- 手は、親指を中に入れて強く握っている状態です。時折、わずかに開いた手に遊具を触れさせると握ってきます。

〈＊把握反射〉

徐々に握りがゆるくなり、2ヵ月頃には、親指が外に出ることが多くなります。

把握反射
＊新生児の運動の特徴ともいわれる原始反射のうちのひとつで、手や足の裏などを刺激すると、触れたものを握ろうとする反射のことをいいます。
＊この時期、いろいろな原始反射を利用して、視覚や聴覚にはたらきかけ、そのような感覚刺激が運動を引き起こすように遊びます。

- この時期は、まだ眠っていることが多いので、遊具をそう必要とはせず、天井からの吊るし遊具やベッドの柵に固定する遊具を用意します。

[モビール　くま]

[モビール　ZOO]

イラスト：高橋由起子

■うつ伏せで頭を上げる

＊機嫌のよいときにうつ伏せにし、背筋、首の筋肉を使うように促しましょう。このとき、様子を見て仰向けに戻してあげましょう。また、合わせて、語りかけも大切です。「～してみようか」「上手ねぇ」「ハァーッ」「楽しかったね」など、導入や評価・共感のことばと表情で。

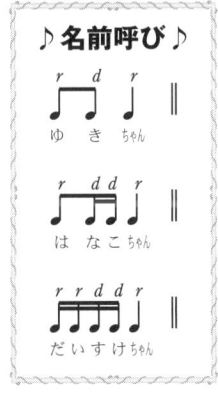

♪名前呼び♪

r d r
ゆ き ちゃん

r d d r
は な こ ちゃん

r r d d r
だ い す け ちゃん

＊話しかけるときなど、ふしをつけて呼びかけてあげましょう。きっと誰もが何とはなしにしているであろう「○○ちゃん」という呼びかけには、実は自然と♪rdr♪(レドレ)という音程が発生しているのです。これももう立派な"うた"です。

■音の出るもの、色鮮やかなもので、凝視・追視を促しましょう。開いている手に、握りやすいもので刺激しましょう。偶然手が触れたときに、動いたり、音がしたりする遊具もよい感覚刺激になります。

■また、これら子どもが初めて手にする遊具は、自然素材のものが適しており、木と木の触れ合う優しい音と、木肌の手ざわりが子どもの繊細な感覚に優しくはたらきかけます。

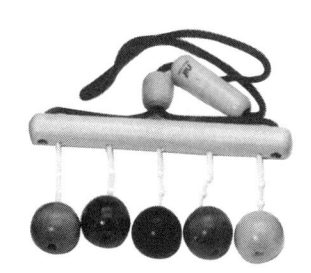

[ベビーボール](スイス)
■触れると玉がぶつかり合い、優しく心地よい音がします。

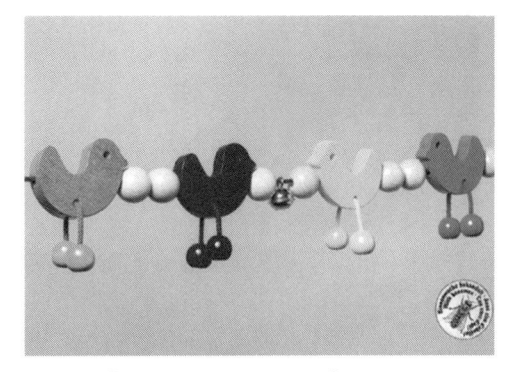

[ペンドリー・ひよこ](ドイツ)
■触れると玉（ひよこの足）のぶつかり合う音と鈴の音が優しいハーモニーを奏で、聴覚を心地よく刺激します。

首すわりの頃（3～4ヵ月頃）

粗大運動を中心とした発達

- 首がすわる
  腕を支え上体を引き起こしたとき、頭が後方へ下がらず、あごを胸に引き寄せようとします。
- うつ伏せでは、両肘支持が可能となり、顔をしっかりと上げることができるようになります。 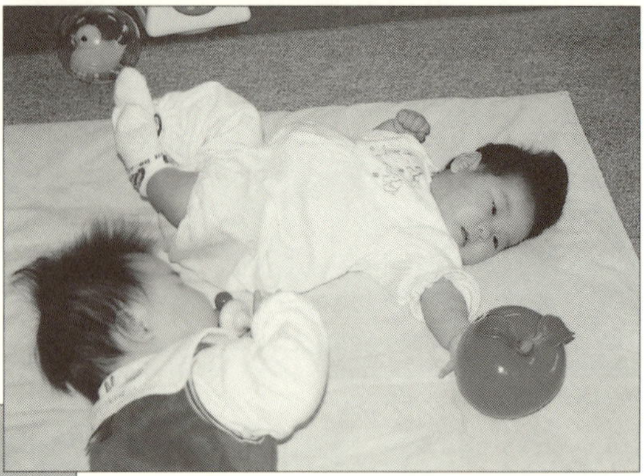 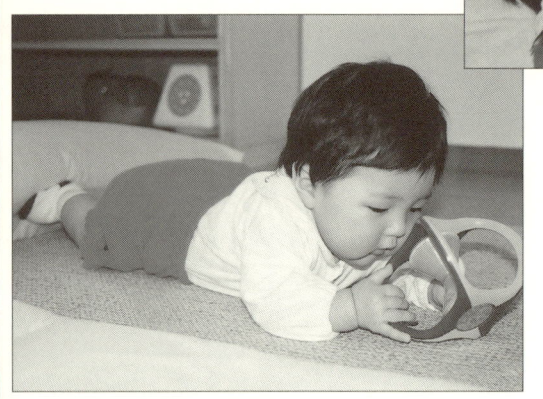
- 仰向けでは、両足を上げます（重心の頭側移動）。
- 水平追視の範囲も180度まで可能になり、縦方向の追視もするようになります。

微細運動を中心とした発達

- 手の把握反射が弱まり始めます。今までしっかりと握りしめられていた掌は、周りの世界を知るために開かれるのです。"手は外に出た脳"ともいわれますが、首のすわりとあいまって脳の発達が進んでいることを表します。
- 掌に置かれたものを握るようになったり、自分の手を見つめたり、手に何かが触れるとその手を見たり、手に触れたものを手を開いてつかんだりするようになります。
- 手を握りしゃぶったり、握ったものを口に運び、なめたり、しゃぶったりしながら、自分の手指やそのものを口で確かめます。「手と口の協応」の始まりです。
- 握りやすい大きさのリングや手に触れたものを口に入れられるような歯固めや吊り遊具を用意してあげましょう。

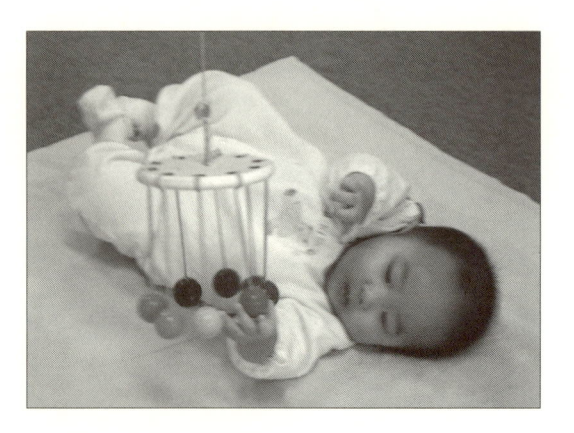

♪ギッチョギッチョ♪ (トナエウタ)

2 | | | | | | | ┌┬┐ | | |
　ギッチョ　ギッチョ　コメツケ　ギッチョ

＊テンポはゆっくり、声は明るく高めで、ことばをはっきりと発音し、歌ってあげましょう。
＊遊具をうたの鼓動（拍）に合わせて動かしながらうたうのもよいでしょう。

（拍ごとに木の球が枠にぶつかり奏でる心地よい音が、優しい歌声とハーモニーとなって赤ちゃんの耳に心に響きます。）

■人の顔や声、音の方向を探し見つめ、話しかけられると、手足を動かすなどして微笑み返すようになります。視線を合わせてゆっくりはっきり話しかけたり歌いかけたりして、心身の感覚を刺激し育てましょう。初めて出会う遊具とも言われる人の顔は、表情・ことば・動き豊かな生きた遊具です。舌打ちやくすぐりなど、あやし遊びを楽しみましょう。このコミュニケーションが、心と頬の筋肉の緊張をほぐしてくれます。

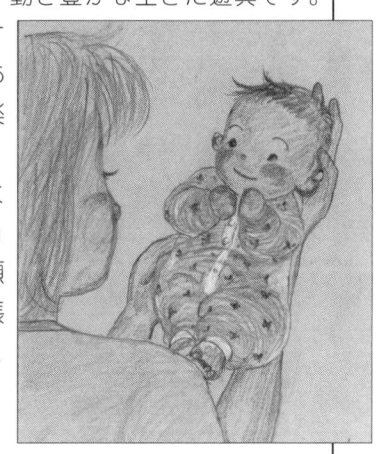

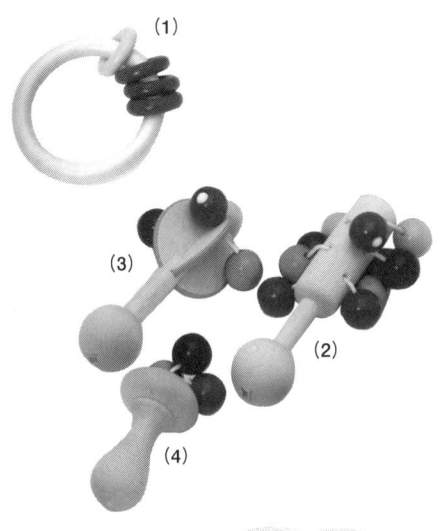

(1) リングリィリング
(2) ドリオ　(3) ニキ
(4) ティキ　(5) フォンタナ
（スイス・ネフ社）

＊ニキとティキは日本の乳児の手に合わせて開発されたものです。

(1) [リングリィリング]
■軽くて握りやすく、音も優しいので初めてのガラガラとして適しているでしょう。

＊遊具は、握りやすい大きさのリングや手に触れたものを口に入れられるようなおしゃぶり・歯固め・ガラガラ、吊るし遊具などを用意してあげましょう。
＊材質としては、なめても安全なもの、洗えるもの、また口の周りの筋肉や歯茎への刺激が固いプラスチック製のものよりも木製のものがよいでしょう。

第3部 積木と出会うまでⅡ 発達を知る

首すわりの頃（3～4ヵ月頃）

粗大運動を中心とした発達

■ うつ伏せでは、片方の肘でからだを支え、もう一方の手でものを取ろうとするようになります。
・右上肢と左上肢の機能分化
・手の支持機能と把握機能分化

■ 仰向けでは、手足を上げて遊ぶようになり、吊るした大きめのビーチボールを四肢ではさんだり、その姿勢でからだを揺らすようにしたりもします。
（平衡感覚を促す）

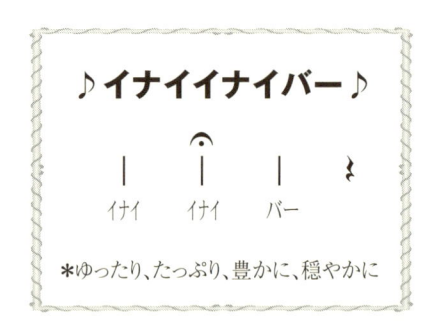

♪イナイイナイバー♪

｜　｜　｜　♪
イナイ　イナイ　バー

＊ゆったり、たっぷり、豊かに、穏やかに

微細運動を中心とした発達

■ 仰向けで、身体の正中線上で両手をからませて遊ぶようになります。「目と手の協応」の始まりです。これは、自分自身の身体を知り、自分と周りの世界を分化させていく始まりであり、見たものを手でつかむ準備ともいわれます。

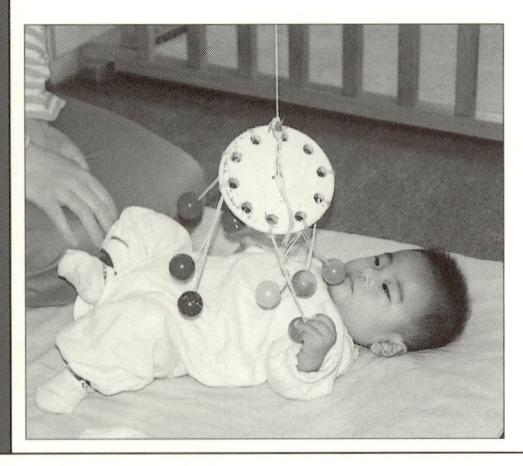

＊大人の関わり方としては、子どもが両手をからませて自分の手を見つめたりしているとき、その自己行為を妨げないよう、そっと見守るようにしましょう。

＊乳児にとって遊びは学習です。その遊びを、表情やことば、動き、遊具で提供し、誘い、共感し合うという大人側からのはたらきかけの重要性の一方で、乳児期から子どもの自己行為を認め、守るということもとても大切なことなのです。このことは、大きな意味では、あらゆる面で大人の助けを必要とする乳児であっても、同時に独立したひとつの人格をもつひとりの人として認めるということともつながるのです。

寝返りの頃（5〜6ヵ月頃）

- 「寝返り」は、仰向けからうつ伏せへの（またはその逆の）姿勢変換で、初めて獲得する自らの移動運動です。

  〈仰向け ←→ うつ伏せ〉

- 仰向けで足をつかんだり（平衡感覚を育てる）、足で空間を蹴るようにして腰をひねり寝返ろうとしたりします。

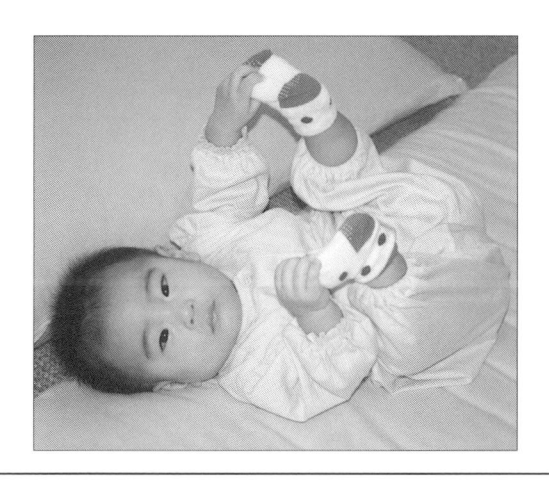

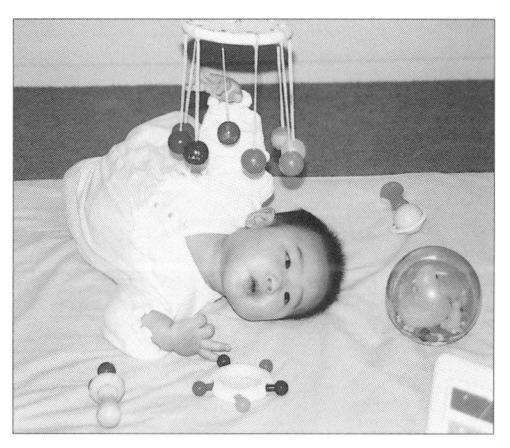

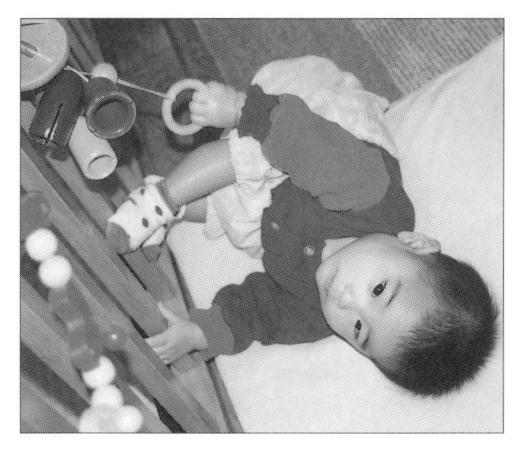

- 手の把握反射は消え、ものをしっかりと握れるようになってきます。ものを見つめ、手を伸ばし捕らえ、握り、振り、音を聞き、口に運びしゃぶるという目と手、手と口の協応動作がさかんになります。
- 手の動きとしては、親指以外の4本指が未分化で、親指と他の4本指でものをつかむという掌中心の握り方が特徴です。

［ベルハーモニー］（ドイツ）
- 中央のリングを握り、振ると玉と鐘がぶつかり合い音がします。

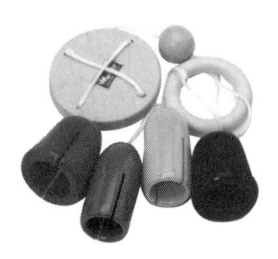

寝返りの頃（5〜6ヵ月頃）

粗大運動を中心とした発達

- 寝返りは、腹筋・背筋を育て、両腕の緊張もとれていきます。
- 寝返りの連続による移動も見られるようになります。
- 左右からの語りかけやうたいかけ、動く遊具や音の出る遊具で体の移動を誘い、左右両側への寝返りを促しましょう。

♪いもむしごろごろ♪

```
2/4  r r d d   r r r r
     い も む し  ご ー ろ ご ろ

     r     r   m    r  l₁ l₁ l₁
     ひょ    た   ん    ぼっ く り こ
```

＊ボールなど転がる遊具をゆっくり転がしながらうたうと、広角度の追視を誘い、寝返りやピポットターンも促します。

微細運動を中心とした発達

- 遊具、遊びは、掌から指先への感覚分化の第一歩として、掌を開き指を伸ばす動きを誘うということをねらいます。
- 仰向けでは、軽いざるや天井から吊るした大きなビーチボールなど、手に余る大きさや形のものが、手を広げ指を伸ばす動きを誘います。

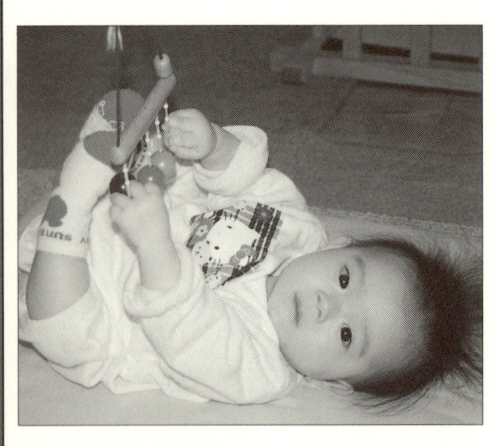

♪かくれよ　ばー♪（rd　2度音歌）

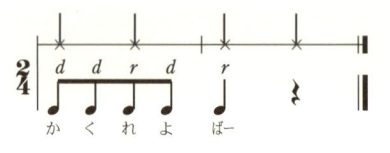

```
2/4  d d r d   r   ‰
     か く れ よ  ばー
```

＊♪イナイイナイバー♪のように、大人が自分の顔を両手で覆い、「ばー」のところでその手を開き、子どもと顔を見合わせます。

＊このとき、手の動きをうたの鼓動（拍）に合わせるとよいでしょう。

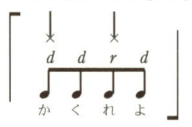

```
  d d r d
  か く れ よ
```
では両手を顔の前で♩ごとに上下に動かします。

＊布を使っても楽しいです。
広げた布を大人が両手で自分の顔の前で持ち、拍に合わせ上下に振り、「ばー」で顔を見せます。

- うつ伏せになると、腕で上体を上げ、背中をそらします。

- グライダーポーズ
  手足を床から浮かせ、からだをそらせ泳ぐような姿勢をとります（背筋を強化します）。

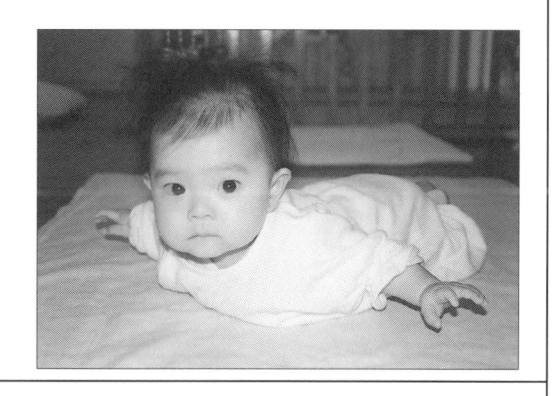

- うつ伏せでは、起き上がりこぼしやダックボールなど、触れると動く遊具が、胸を突っ張り、身体を起こし片腕で身体を支え、もう片方でものに触れようと手を伸ばしたり、ものをかき集め（寄せ）ようとする動きを促します。

- また、柔らかい布や※カラーチェーンなどもこの動きを誘います。
  ※［カラーチェーン］については、第4部第2章『入れたり出したり』に記載、参照。

＊片手で上体を支持し、もう一方の手でカラーチェーンをかき集めました。

＊カラーチェーンを掌で握り、指先にからませることが掌から指先の感覚を刺激します。

第3部 積木と出会うまでⅡ 発達を知る

寝返りの頃（5〜6ヵ月頃）

粗大運動を中心とした発達

ピポットターン

- お腹を軸にして手足で円を描くように動く回転運動です。足で床を蹴り、腕を肩まで引き寄せ、上体を押し上げ移動します。（重心の移行をしながら繰り返しの移動を身につけていきます。）
- 遊具を足（膝）の近くに置くと、伸ばした手に重心を移行し、反対の手を引き寄せながら移動します。遊具を置いて呼びかけたり、ことばで誘ったりしましょう。
- 寝返りとピポットパターンを組み合わせた移動運動も可能となるので、視野と行動範囲に広がりが生まれますね。

微細運動を中心とした発達

- いろいろなものに触る、なめる、つかむ、引っぱる、いじるなど、少しずつ様子の異なるものに接することにより、知覚神経が刺激され、ものにフィットして手の動きをつくり出そうと、脳細胞が活動します。
- 仰向け・うつ伏せともに、遊具に工夫をこらし、いろいろなものに触れる機会を与えてあげましょう。

[六面体]（アメリカ　Fisher Price社）
- 底面の回転盤を軸に本体が回転し、各側面には指先の動きを誘うものが施されています。天地側面計六面の装置は全て異なる手指の動きを促す仕組みにつくられています。

這い這いの頃（7～8ヵ月頃）

■前進運動の始まりです。
　片手で支え手を伸ばす。足の親指で突っ張り、上半身を押し上げて片手を伸ばし、遊具に触れようとします。触れた時に喜びを共感しましょう。ここでの足の親指の突っ張りが大切で、這い這いへとつながっていきます。
　それが弱い場合は、足元にジャンボクッションを当てるように設置したり、大人が子どもの足の裏に掌を当てるなどし、この突っ張りを促しましょう。

■うつ伏せ姿勢で、起こした上体を腕で支えていたのが、指を開き、掌と腕で支持するようになり、足の親指の突っ張りでの上半身の押し上げも加わります。
　足の親指で床を蹴り、片腕を前方へと伸ばし、広げた掌で床を捕らえる動きの反復～前進運動～が始まります。この動きは、粗大運動とともに微細運動的に見ても、指先にまで力を入れることから、手指の感覚分化が進みつつあることがうかがえます。

＊ずり這いで前進して来て目的のボールに到着。床を捕らえる掌が大きく開き、指先にも力が入っていることが見てとれます。

這い這いの頃（7〜8ヵ月頃）

粗大運動を中心とした発達

這い這い

- 「這い這い」は、手を前に出し、足を引き寄せ、体幹の回旋運動を組み合わせて前進する運動です。
- 片側の腕で交互にからだを支えて、からだのひねりと脚の引き寄せ、足指の蹴りで前進していきます。
- 這い這いは、腹筋・背筋力・平衡感覚を育てるとても大切な運動です。たくさん這い這いした子どもは歩行も安定していて、転びにくいという話もうなずけますね。

＊腹這いから両手両膝で踏ん張り、腰から背中を浮かせた姿勢で、体を揺する姿が見られたら、這い這いも間近です。好きな遊具や転がる遊具で前進を誘ってあげましょう。

＊また、ジャンボクッションにつかまったり腹部をのせたりして上体を揺する動きを促すことも這い這いへの導入になります。

微細運動を中心とした発達

- 這い這いの頃の、転がる遊具は、粗大運動（移動する：追いかける）にも、微細運動（操作する：転がす）にも有効にはたらきかけます。また、繰り返し遊ぶことで、〈静止→転がすと移動→ある程度転がると静止〉〈全面転がる面からなるボールと、転がる面と転がらない面とでなるものがある〉など、ものの性質に気づき、知り得、ものに適応していくという「知的発達」をも促します。

[丸スズ]（フィンランド）
φ6cm

- 木製で中に鈴が入っています。転がしたり振ったりして遊びます。

〔転がす〕
・転がる面と転がらない面とがあります。
・転がるとき音（心地よい音）がし、動きが止まると音も止まります。

〔側面が丸棒の柱からなる〕
・握る際、指先がひっかかりやすく、掌から指の第二関節への伸びと指先の屈曲が促されます。
・中の鈴が見えることで、音の発生理由を知り得ることができます。

[カラームカデ]（フィンランド　ユシラ社）

■ ♪いーもーむーしーごーろごろ…♪
わらべうたにのって愉快な動きを見せるカラームカデに誘われ夢中に追いかけ、這い這いも進みます。

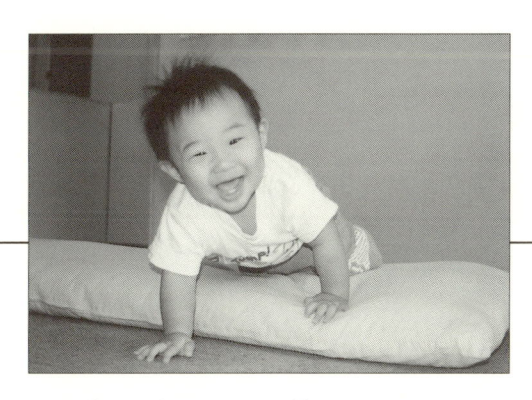

トンネルくぐり
＊空間（幅・高さ・距離）を認知します。
無事出られ、得意気な笑顔。

■ジャンボクッション越え
平面での這い這いが上手になると、段差や起伏、傾斜のあるところを越えるものも楽しくなります。（空間知覚・平衡感覚を育てます。）

■這い這いは、全身の運動機能を高めるだけでなく、掌の皮膚感覚にもはたらきかけます。這うときに体重のかかる掌が、這う面によって異なる感触を得るからです。たとえば、平らだがゴワゴワザラザラの人工芝は掌や指先の感覚を刺激し、また、同じジャンボクッションでも、堅めなものと柔らかめなものとでは掌や指先での捕らえ方が異なってくるといった具合です。平衡感覚を育てるためにも皮膚感覚を高めるためにも、安全面に十分に留意した上でのいろいろな環境設定をしてあげるとよいでしょう。

粗大運動を中心とした発達

おすわりの頃（9ヵ月頃）

- 「おすわり」は、背筋・腹筋を使って自分で座ることを指します。這い這いまでの運動機能発達の過程で育った筋力や平衡感覚が、安定したおすわりを促すのです。早いうちから大人が座らせることは、この発達の順次性を飛び越すことになり、腕や足の弱さへもつながります。

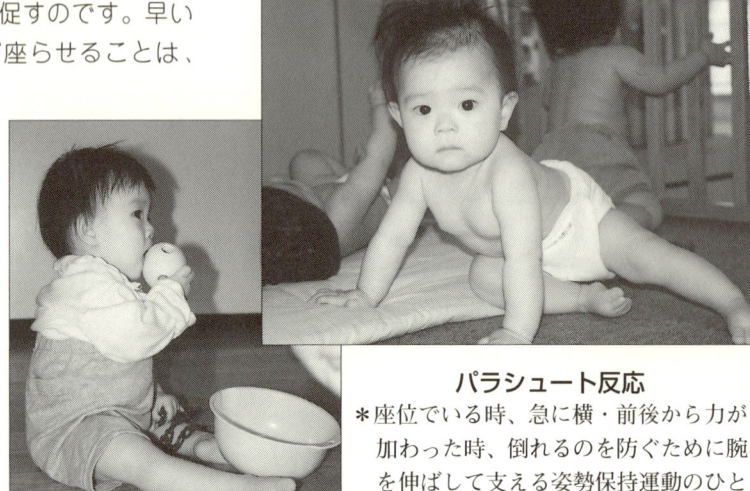

パラシュート反応
＊座位でいる時、急に横・前後から力が加わった時、倒れるのを防ぐために腕を伸ばして支える姿勢保持運動のひとつです。

微細運動を中心とした発達

9、10ヵ月頃の特徴

- 支えなしでおすわりができるようになる（手が身体の支持から開放される）ことで、両手腕の動きが自由になるため、両手での操作がさかんになります。掌が開き指も伸びるようになった手が、操作機能を持つ手としてのさらなる技能発達をしていくのです。
- 親指以外の4本指から人さし指が分化し始め、親指と人さし指でつまむという動きが見られるようになります。つまむ、引っ張る、出すなどの探索行動が見られるようになり、容れ物（目的位置）に入れるなど目と手の協応動作が高まり始めます。
- ここに、手の操作性（運動発達）と認識力（知的発達）との相互関係が見られます。そのバランスを見て、両側面からの助けを考えていきましょう。

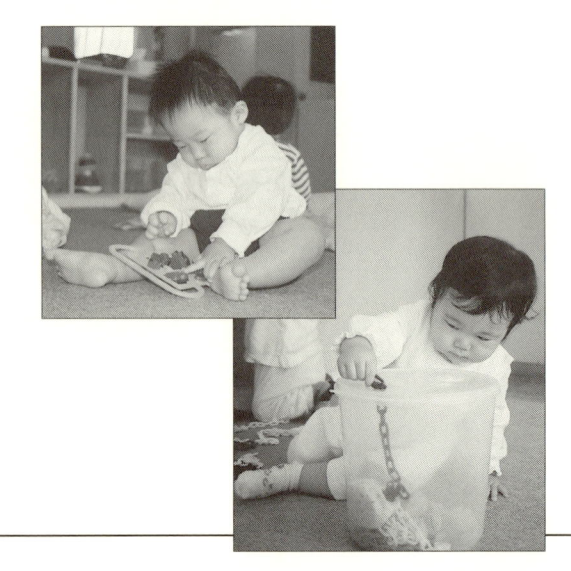

＊自由に座れるようになると、わらべうた遊びも広がります。

＊大きめのボールを使いゆっくり歌ってあげることで、ゆったりたっぷりとした上体の前後運動が促され、腹筋と背筋、平衡感覚にはたらきかけます。

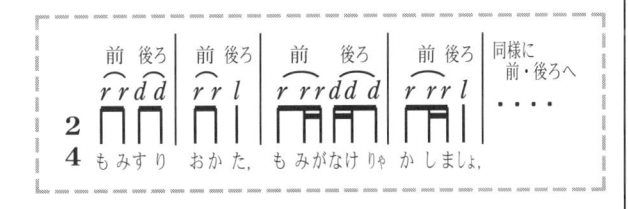

♪もみすりおかた♪

もみすり おかた，もみがなけりゃ かしましょ．

もみまだ ござる，うすにさんじょー，みにさんじょー．

すってすって，すりこかせ！

| 前 後ろ | 前 後ろ | 前 後ろ | 前 後ろ | 同様に前・後ろへ・・・・ |

2/4 もみすり おかた，もみがなけりゃ かしましょ．

■対象物に合った手指の動きも見られるようになってきます。
■脳の発達から、左手をよく使う時期が10カ月頃と1歳半頃の2回あるといわれます。この時期、即座に左利きと判断せず、両方の手を使う遊びと道具を提供していきましょう。

[ウォーターアレイ]
■中に適量の水と花はじきやビーズを入れます。スケルトンな素材が中味の動きを見やすくしてくれます。
＊こうした重たいものの操作も腕や手首や掌（握る）の力を高める大切な要素となります。
＊両端に往来する水と花はじきの動きは、追視を誘うばかりでなく、水が移るときの"ゴボゴボッ"という音とともに手に伝わる感触も楽しませてくれます。

第3部 積木と出会うまでⅡ 発達を知る

つかまり立ちの頃（10ヵ月頃）

粗大運動を中心とした発達

- つかまり立ちをして体を上下に揺すり、膝を屈伸します。つかまり立ちは、高さの認知を促し、腹筋・背筋を育て、肘と肩の力を抜いて、手首を動かすようになることを促します。
- つかまり立ちをしていても自分から座れず手を離して転倒することもある時期は、自分で膝を着くかお尻を着いて座れるようになるまでは、疲れた頃を見はからい、「おすわりしようね」などのことばがけをして元の姿勢に戻してあげましょう。

微細運動を中心とした発達

- 触れる遊び
 わらべうたは、それに合わせて体を揺らすなど子ども自らの動きを引き出したり、あるいは大人からの意図的なはたらきかけでいろいろな動きを誘ったりというように、運動機能をも高めてくれます。
 「触れる遊び」は、スキンシップによる情緒の安定と豊かさを生むとともに、皮膚感覚を刺激し、微細な運動の育ちを助け促すことにもつながります。

♪ジーカイテポン♪

$\frac{2}{4}$　ジ　カイ　テ　ポン

＊aで大人が人さし指で子どもの手や足をなで、bで軽くつつきます。

♪でこちゃんはなちゃん♪

$\frac{2}{4}$　でこちゃん（額）　はなちゃん（鼻頭）　きしゃぽー（頬）　っぽ（頬）

人さし指で、×つつく、○円を描く。

■「這い這い」から「つかまり立ち」へ
　——連続した動きとそれを助ける道具［くぐり棚］——

*くぐり棚の入口から天井のある部分を這い這いで進み、吹き抜け部分に到達すると上体を起こし、手をくぐり棚の縁（枠）に掛け、そこに体重をかけながら片方の膝を着き、両手片膝へと重心移動させながらもう一方の足の裏を床面に着き、再びその足へと重心移動を行い、最後、両足で踏んばり膝も伸び、つかまり立ちに成功です。

*吹き抜け部分を含むくぐり棚は、立位姿勢を四方より囲みを支えとなることから平衡感覚を助け、また、空間に適応していく空間知覚を高めてくれます。さらには、自分でできたという達成感、有能感をも与えてくれます。

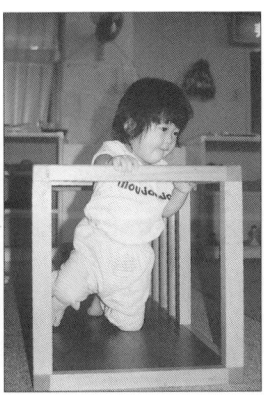

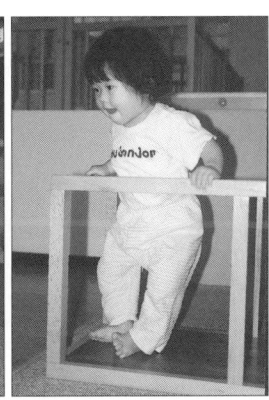

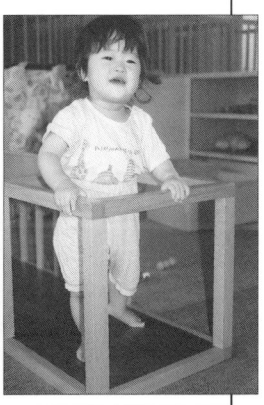

♪**チョチチョチ・カイグリカイグリ・オツムテンテン**♪

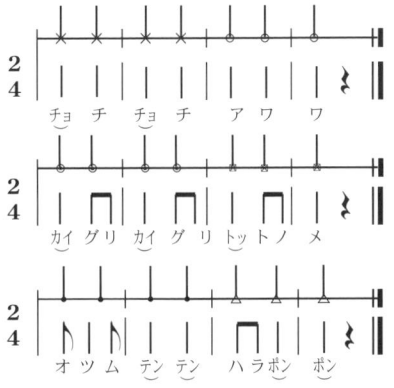

2/4	チョチ　チョチ　アワ　ワ
2/4	カイグリ　カイグリ　トットノ　メ
2/4	オツム　テンテン　ハラポン　ポン

↓……両手をうつ．　　　　　↓……口にかるく手をあてる．
↓……両手交互にぐるぐる回す．↓……右人差指で左の手のひらをつつく．
↓……頭をかるくさわる．　　　↓……腹をかるくたたく．

a．子どもを膝に抱き、後ろから子どもの両手をとって遊びます。〈**触れる遊び**〉
b．向かい合って遊ぶときは、大人がこのしぐさをして見せます。〈**見せる遊び**〉

粗大運動を中心とした発達

- ■大箱に手を掛ける、入る、出る。
- ＊四肢を十分に使った上半身と下半身の連動を促します（片足での重心の移動を促します）。
- ＊重心移動のときに、箱に全体重がかかるので、大箱は安心感のあるものが適しているでしょう。
  （写真の大箱は、ダンボール箱に下貼りとして紙を幾重にかにして貼り、その上をキルティング布で覆ったものです。）
- ＊重心移動のときは腕や手首、手指にも力が入り、粗大運動とともに手の運動機能も高めていくことになります。

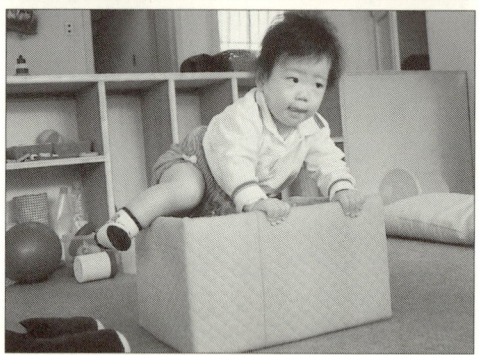

微細運動を中心とした発達

♪チョチチョチ・カイグリカイグリ・オツムテンテン♪

＊この遊び（しぐさ）にはどんな課題要素が含まれているか、運動発達の側面から考えてみましょう。

- ・チョチチョチ ────── 両手を合わせ打つ。
- ・アワワ ────── 対象部位を狙って手をもっていく。
- ・オツムテンテン ──────（各部位までの距離や方向を感じとる。
- ・ハラポンポン ──────　～自分の身体の成り立ちを知る～）
- ・カイグリカイグリ ────── 肘を中心にして腕を回す。
- ・トットノメ ────── 片方の掌を手首の返しによって上に向け、もう一方の手の人さし指を立て、掌をつつく。

＊こうして分析をしてみると、手（肩・肘・手首・掌・指）を中心とした微細運動の発達課題の殆どを助けるしぐさが、この遊びの中に含まれていることがわかります。

＊この時期にこれらすべてのしぐさが自分でできるようになることが目的ではありませんが、aとbで繰り返し遊ぶうちに、部分的な形で自己行為としてあらわれます。その姿はとても楽し気で愛らしく、わらべうた遊びが本来もつ最も大切な意味を教えてくれます。

つたい歩きの頃（11ヵ月頃）

■壁や棚などをつたい、片側に交互に重心を移し進みます。適度な位置に遊具を置いたりことばをかけたりしてつたい歩きを促しましょう。目的地点に到達したときには、ことばや表情で喜びを共感しましょう。

■片手でつかまって立ったり、しゃがんだりします。
*脚の筋肉を育てます。
*腰と膝、足首の関節の動きで、上半身の平衡を保ちます。
*高さの認知もしていきます。

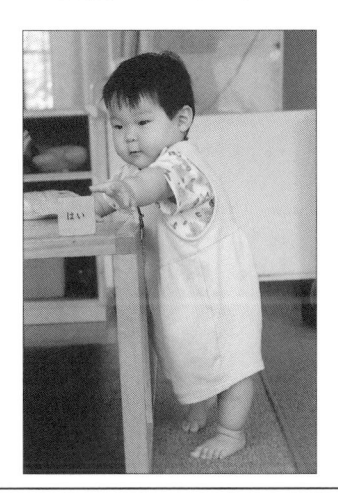

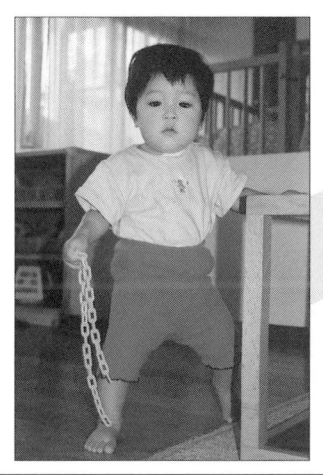

■下を向いていた手が上向きになり（関節〜肩・肘・手首〜の動きにより、手首の返しが可能となる）、遊具の持ち方や動かし方がより微細なものへと広がっていきます。操作・機能練習遊びの最盛期の始まりです。

*発達を意図的に助けていくためにも、内容量を一定にするとよいでしょう。たとえば何種類かの重さのものを用意するとしても、「重さaのもの・重さbのもの…」というように重さを決めるとよいでしょう。ジャンボお手玉という道具を使うことで、つかみ方や力の入れ具合、筋肉の動きなど"ものに適応していくこと"も学習していくのですから。

[ジャンボお手玉]
■花豆やペレッタ等を詰めた重量感のあるお手玉。

*重いお手玉を握り、左右同時に持ち上げる。

*顔の位置まで上げる（ジャンボお手玉を、その重力に肩・腕・手指の力で対抗し支持する）。
*最初の写真では開放されていた足の指がキュッとしめられ、全身でバランスをとっていることもうかがえます。

49

つたい歩きの頃（11ヵ月頃）

粗大運動を中心とした発達

■箱を押す、引く。
　方向転換（空間知覚）や重心の移動は、両手と両足が交互に前に出る歩行の練習にもなります。
＊①で、くぐり棚にぶつかりそうになり、
　②でそれを回避（方向転換）をし、
　③で方向を決め前進する。

微細運動を中心とした発達

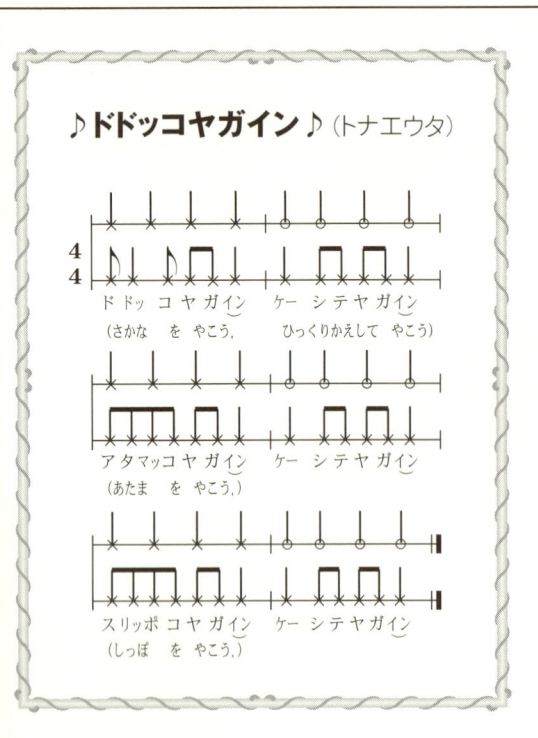

♪**ドドッコヤガイン**♪（トナエウタ）

4/4　ドドッコヤガイン　ケーシテヤガイン
　　（さかな　を　やこう，）（ひっくりかえして　やこう）

　　アタマッコヤガイン　ケーシテヤガイン
　　（あたま　を　やこう，）

　　スリッポコヤガイン　ケーシテヤガイン
　　（しっぽ　を　やこう，）

↓：子どもの手を手の甲の上から持って、拍に合わせて上下に4回振ります。

↓：そのまま手を放さないで、手の甲が下になるようにひっくり返して、拍に合わせて上下に4回振ります。

＊子どもと向かい合いで遊びますが、膝に抱き、後ろ側から子どもの手をとってもよいでしょう。

＊東北地方の遊びで、いろりばたで子どもの手を暖めるために生まれてきた遊びですが、〈手首を返す〉という運動発達を助けるしぐさも含まれています。

■ 高這い（足裏と手で移動）の姿も見られるようになります。

＊頭をしっかりと持ち上げ、まっすぐ前を見据え前進している様子から、首の筋肉、背筋が育っていることがうかがえます。

■ 高い所に手（背）を伸ばす動きも促しましょう。全身の平衡感覚と空間知覚を高めます。

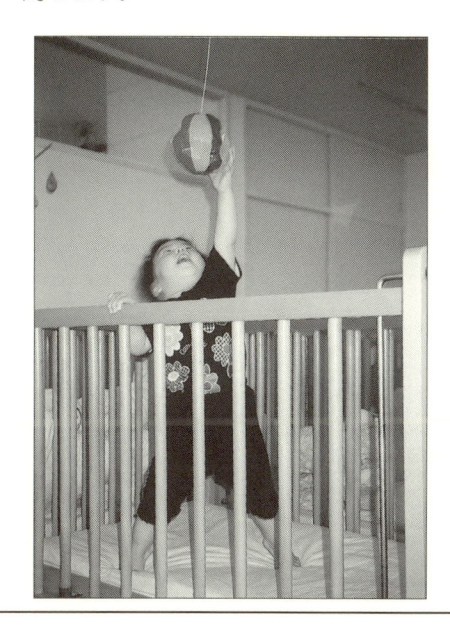

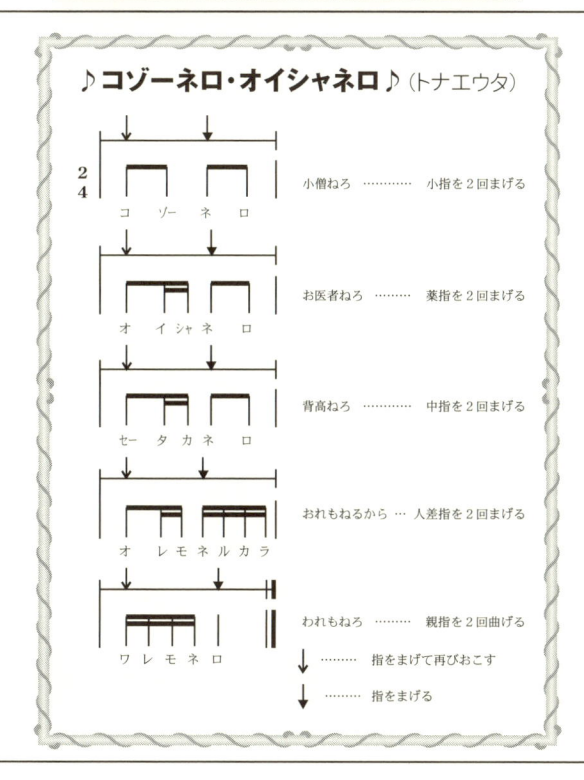

♪コゾーネロ・オイシャネロ♪ （トナエウタ）

$\frac{2}{4}$

コゾーネロ	小僧ねろ ……… 小指を2回まげる
オイシャネロ	お医者ねろ ……… 薬指を2回まげる
セータカネロ	背高ねろ ……… 中指を2回まげる
オレモネルカラ	おれもねるから … 人差指を2回まげる
ワレモネロ	われもねろ ……… 親指を2回曲げる
↓	指をまげて再びおこす
↓	指をまげる

＊大人が自分の掌に子どもの片方を掌を上にして取り、大人のもう一方の手で子どもの指を一本ずつつまみ、順に倒していきます。
（倒し方は左記楽譜参照）

＊触ってもらう心地よさと一緒に、まだ発達途上にあり未分化な指の感覚への刺激も、子どもは楽しみます。ゆっくり唱えながら優しくしかしはっきりと指を動かしてあげましょう。

＊リズミカルでユーモラスなことばの響きも、節目に適度の"間"をとることで生きてきます。また、この"間"は、スキンシップとあいまって子どもと大人との間に通う情感をも豊かにしてくれます。

つたい歩きの頃（11ヵ月頃）

粗大運動を中心とした発達

■棚に入ったり出たり
* 棚に自分の全身を納め、棚と自分の身体との関係を知ることで自己認識と空間知覚を高めていきます。
* 狭い所にすっぽりと入ることは安心感を得ることにもなり、心理的発達の側面から見ても意味のあることといえます。

微細運動を中心とした発達

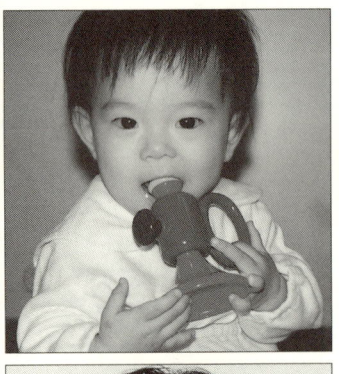

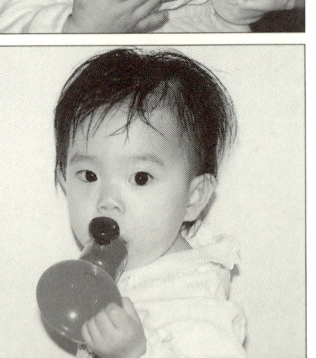

■ラッパをくわえる
* 口元までの距離感とラッパの向きの認知（ラッパの性質の認知）に伴い、手で操作します。

■片手でラッパを支え吹く
* 手首をひねり、上向きの手でラッパを持っています。
* 握ると吹くの協応動作により、発生する音に耳を傾けます（手の動き・呼吸・聴覚の統合）。

[ジョイ]（ドイツ）
■乳児にとって大切な、息を強く吸ったり吐いたりする運動を促すために開発されました。反対側から吸っても音が出ます。

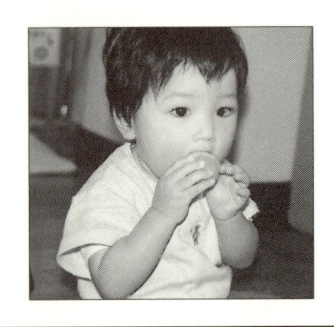

ひとり立ちからひとり歩きの頃（12ヵ月頃～）

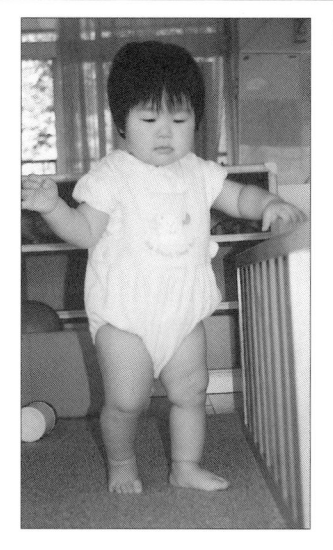

■ つたい歩きでのつかまり方や身体の委ね方が徐々にゆるくなり、少しずつ手を離す方向へと向かっていきます。

■ ハイガードポジション
ひとり立ちや歩き始めの頃に見られる姿勢。
両膝が少し開き、肘は曲がり両腕を上げ、足を開いて腰を落とすというのが特徴です。
倒れた時、手が出る防御姿勢です。

■ 指の関節の緊張もとれてきて、対象物に合わせて屈曲させた親指と人さし指とで、小さなものもつまめるようになってきます。そうした指先の動きや両手での操作を促すような遊びを提供していきましょう。

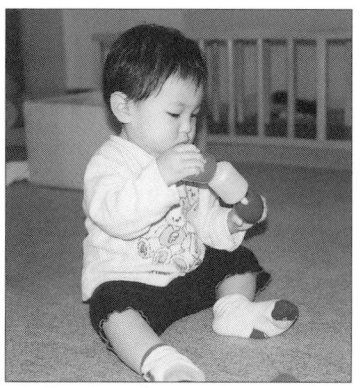

［プッチンブロック］(アメリカ)
■ 片方の手ではブロックを固定させるようにして持ち、もう一方の手に持ったブロックの先端を、穴にはめてつなげていきます（両手と目の協応動作と連結の原理認知を促します）。

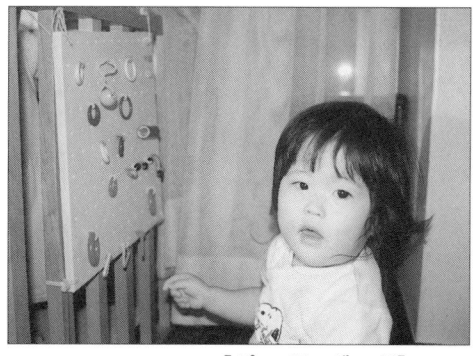

［パッチンボード］
■ キッチンボード等に小さなリングやウッドビーズ等をゴムでくくり付けた壁面遊具です。
＊「つまみ、力を入れて引っ張り、放す」という操作が、指先に集中する微細な神経と肩から腕全体の筋肉感覚とにはたらきかけ高めます。

第3部 積木と出会うまでⅡ 発達を知る

ひとり立ちからひとり歩きの頃（12ヵ月頃〜）

粗大運動を中心とした発達

■ひとり歩き
脚全体が伸び、体のひねりも加わり、片側の足に重心を移して移動し、足の爪先が正面を向くようになって歩行していきます。

■大人が歩くことを助ける時のポイントは、子どもに大人の人さし指と中指を握らせ、子どもの肘が肩より上がらないように、大人は前屈姿勢で合わせることです。大人の無理な引き上げではなく、子ども自身の力で進むように促しましょう。

♪アシアシアヒル♪

アシ,アシ, アヒル, カカトヲ ネラエ.

＊子どもと向かい合いで手をとり、子どもの歩くテンポでとなえながら前進を誘います。同様にして、大人の両足の上に子どもの両足を乗せ、前や後ろに歩く"足乗せ遊び"も楽しめます。

微細運動を中心とした発達

■容器の中への出し入れがさかんになるので、重さや形、感触など材質の異なるものを用意し、「入れたり出したり」の遊びをたくさんさせてあげましょう。

[布張りミルク缶]
■ミルク缶（蓋無し）を布ですっぽり覆い、口の部分はゴムを使い絞ってあります。

■ゴムの部分に手をはめ、奥へと通していき缶の内部を探り、何かをつかんだら引き出す、あるいは何かを持った手を入れ、それを放して手だけ抜き出すという操作が促されます。（探索行為／通す／入れたり出したりなどの課題が含まれています。）

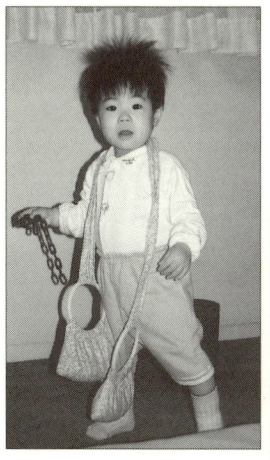

[バランスお手玉]
■歩行をよりバランスのとれた安定した形へと促し助けてくれる遊具です。

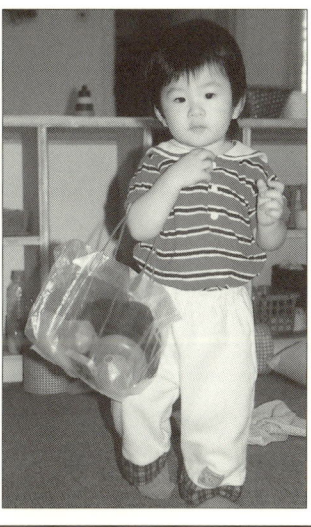

＊長い布の両端にお手玉をリングで連結させてあります。左右のお手玉の重量は同等です（写真のものは、ペレッタ100ｇずつが納めてあります）。
＊子どもの歩き方を見て、首への掛け方（重心の寄せ方）を調節してあげることで、身体の左右のバランスを整える助けもできます。

■片腕に手さげを下げて歩く。
＊歩行が安定してくると、立位での遊びや歩行移動を含んだ遊びも盛んになっていきます。
＊写真のバッグ内にはジャンボお手玉も入っており、重たくなっていますが、そのことで右側に寄っていく重心も中央へ引き寄せながらまっすぐに歩けるようになっていることがわかります。

■ボウルを頭にかぶる
＊頭までの距離感、方向感覚をはたらかせています。
＊両腕を上方および肩を軸とした後方へ持っていくという動きを伴います。
（ボウルを持つ手指の運動／ボウルを頭へ持っていく肩・腕・肘・手首の運動／これらの連動）

■この時期の手の活動は、これまでの"手の操作性、支持性"に加え、要求を示す"指さし行動"がさかんになります。
■何かを指さしながら「ア、ア」「オーッ、オーッ」などと声を出して大人に何かを知らせます。この「ア」ひとつには、「これ」ということばの代わりだったり、何かを見つけた驚きや発見の喜びの伝達だったり、「取ってちょうだい」「あっち行きたい」などの要求語だったりというように、多くの意味が含まれています。大人は、場面や状況により、それを読み取り、具体的なことばにして返してあげたり、気持ちに共感したり、要求に応えたりしましょう。

55

第3部 積木と出会うまでⅡ 発達を知る

ひとり立ちからひとり歩きの頃（12ヵ月頃〜）

粗大運動を中心とした発達

■ 引き遊具を引いて歩く
＊引き遊具を持ったまま歩くことは、手の運動と全身の運動の統合となります。
＊何かを引きながら前進することで、自分の後方への意識も生まれてきます（空間知覚範囲の広がりを促す）。

＊後ろ向き歩きは、自分の後方空間認知を要すると同時に、より高い平衡感覚を促していきます。
＊大人は、安全性を留意した環境設定をするとともに、子どもの行為を見守りながらタイミング・内容ともに適切なことばがけをしましょう。

〈前進と後ろ向き歩き〉

微細運動を中心とした発達

[モビール]

■ 全身および手の運動機能が高まり、自分の背を越える上方へも視線・手を伸ばすようになると、モビールは新生児期とはまた異なる刺激を与えてくれます。
■ モビールの動きを追視しながら、その形を認識したり、大人がとなえる詩やわらべうたに耳を傾け、そのことで発語が促されたり、イメージをふくらませたり等、知性・感性を刺激します。

詩：「からす　かーかー」

からす　かーかー
とんび　とーとー
からす　かーかー
かあさんのほうへまわれ
とんび　とーとー
とうさんのほうへまわれ

＊詩ですので、特に決まった遊び方（しぐさやリズム譜など）はありません。遊びの中でゆったりととなえてあげましょう。
＊"かあさん" "とうさん"という最も身近な存在と、"かーかー" "とーとー"という母音の響きが、子どもの心と耳に残るのでしょうか。大人のとなえを繰り返し聞くうちに、"アーアー（かーかー）" "オーオー（とーとー）"と声を出し、大人と一緒にとなえたり、"やって"というリクエストのサインとして言ったりするようになります。

しゃがむ（15ヵ月頃）

■膝を曲げ、足裏・背筋で上体を支えられるようになります。立ったりしゃがんだりして姿勢を変えて遊ぶことで、空間知覚や平衡感覚が育ちます。壁面遊具を使った遊びもこの動きを促します。また、それらの設置位置によっても動きへのはたらきかけ方が変わるので、発達に合わせて工夫するとよいでしょう。
（しゃがんだときの高さに設置した壁面遊具を操作したり、背伸びを誘う位置に取り付けたフックに何かを掛けるなどの遊びの工夫。）

＊BallとBowlを合わせ持ったままで立ったりしゃがんだりすることもできます。

＊しゃがんだままで、形が変化しやすく操作力の要求される手さげ袋を扱っています。

[元気でボード]（Fisher Price社）
■なでる、押す（前へ下へ）、つまむ、左右へスライドさせる、ねじる（まわす）などさまざまな動きを促します。
■操作することで起こる視覚的変化（絵や模様が変化する）や音色の異なる数種類の音が、視覚・聴覚・認知力を刺激します。

[ハンペル]（ドイツ）
ひもを引くと手足が動く壁面遊具
■握ったまま放さずに引く（手・肘・肩の連動）
■引きながら遊具の動きを追視する（目と手の協応動作／引くと手足が上がり、放すと手足がおりるというしくみを認知する）

しゃがむ（15ヵ月頃）

粗大運動を中心とした発達

♪ドッチンカッチンカジヤノコ♪

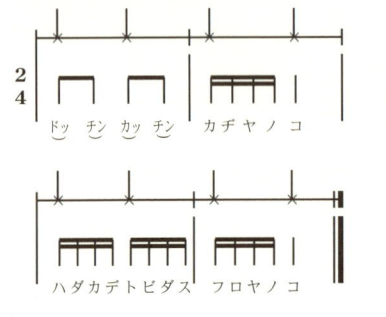

$\frac{2}{4}$
ドッ チン カッ チン カヂヤノコ
ハダカデトビダス フロヤノコ

＊膝に乗せ、拍に合わせ軽く上下に揺らしてあげます。背筋力や平衡感覚も養います。過度の刺激には情感やコミュニケーションも育ちません。程よいテンポと振動で遊びましょう。

♪いちり

いちり　　　　　両足の親指をつかむ
にり　　　　　　足首をつかむ
さんり　　　　　膝をつかむ
しり　しり　しり　しり　両側でお尻をくすぐる

＊足に触れるくすぐり遊びです。
＊横になった状態でもおすわりでも楽しめます。
＊比較的手より鈍い足の神経を刺激します。
＊足先から順に上がってくる（くすぐられる）までに期待感が生まれます。
＊足に直接触れる機会の多い素足で過ごす季節や時間帯は、この遊びにより適しているでしょう。

微細運動を中心とした発達

■絵本は、基本的には"大人が子どもに読んであげるもの"で、特に乳児期では子どもと大人の一対一の関係でこそ、そのよさが生きてくるものです。"絵を見ながらことばを聞く"という並行する二つの課題が、"イメージする"という感性の芽生えと結びつく絵本、そんな大切な絵本であるからこそ、乳児期に初めて出会う絵本は、吟味したいものです。そのポイントとして、次のようなことも考えられます。
・ページを進めるテンポや自由にページを戻すことなど、子どもひとりひとりの発達や気持ちに添った形でおろせること。
・ひとつの絵から幾通りもの読み取り方ができる（ことばやイメージ等を広げることができる）シンボリックな絵のもの。
・子ども自身の手で扱いこなせる大きさと重さのものは、"自分で見る"大人との関係で得た、絵から受ける印象（ことばとそのリズム感・わらべうた・イメージ等）を自

［布製絵本］
■絵本を開く（中心から左右にほぼ均等な力で開く）という、両手協応動作の高まり。

分の中で回想・反復する"という自己行為を促すということ。
・時折、まだ口に持っていくこともある時期には、衛生性・安全性を保てる素材のもの。

おぼえていますか？　あなたの小さかったときのこと。
走ったり、しゃべったり、歌ったり、考えたり……。
今はもう、あたりまえにできることは、あなたが小さな力をたくわえ、ひとつひとつ身につけてきたもの。
　どんなだったかな、あなたの小さかったとき……。
おっぱいをのんで、オムツをして、だっこされるまで泣きやまなかった。
今より、もっともっと小さい、赤ちゃんだったときのあなた。
親子で楽しむ、あなたの成長の思い出。

『あなたの小さかったとき』
（福音館書店）の帯より

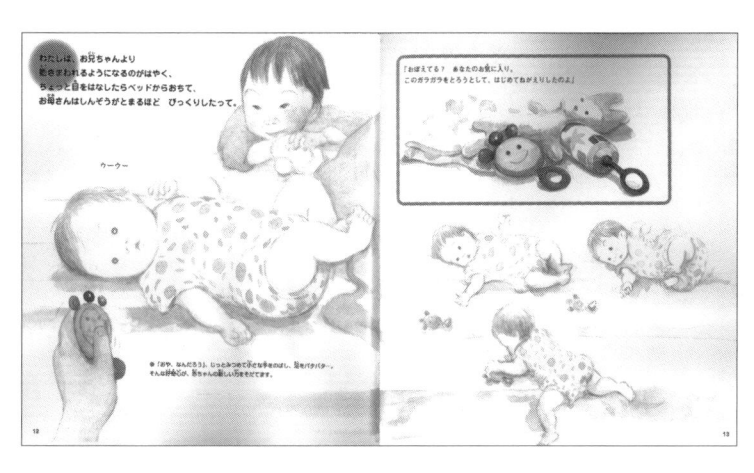

*小さかった頃のことを話してもらうのはちょっぴり照れくさいけれどとても嬉しい――それは、愛されてきたこと、そして今もなお愛されていることを知るから――。

[セレクタアルバム]
*小さな世界
（10cm×10cm）

（「木製絵本」ドイツ）
*のりもの
（6cm×6cm）

■木の絵本
*子どもの手に見合った大きさと木の温もり。美しい色で描かれたシンボリックな絵は身近なものでいっぱい。乳児が初めて出会う絵本としても最適といえるでしょう。
*ことばは書かれていませんが、絵を見ながら大人と会話やわらべうたを楽しんだり、自分で手にし開き自分だけのおはなしの世界に浸ったりとシンプルさが生む豊かさを存分に楽しませてくれる絵本です。

注）＊発達には個人差があり、記載の月齢は、あくまでも目安とします。

うたと積木とおはなしと―遊びと発達

第4部

積木と出会うまでⅢ
―積木遊びの練習―

第1章【布】を使った遊び　第2章【入れたり出したり】の遊び　第3章【通す】遊び　第4章【集める】遊び
第5章【並べる】遊び　第6章【重ねる】遊び

積木遊びの練習
―いろいろな遊び―

　前章にて、遊びと発達の関係について、人としての動きを獲得、形成する原点となる０歳児期に焦点を絞り、生まれてから歩けるようになる頃までの発達の順次性を、めやすとして表にし、月齢を追いながらその時々の発達を促す遊びについて考えてきました。

　子どもの発達（表）は、本来は、その先も続くものではありますが、そのことを踏まえた上で、本章では、遊びや遊具の種類をテーマにした形で、遊びが育てるもの（発達との関係）について、乳児期を中心に、ひとつひとつ見ていきたいと思います。

　また、本章に登場してくるいろいろな遊びはどれも、操作・機能練習遊びの要素もたっぷりと含まれており、それはすなわち、積木遊びの練習でもあるのだという視点も忘れずに話を進めていきましょう。

第4部
積木と出会うまでⅢ
―積木遊びの練習―

第1章
【布】を使った遊び

【布】　生まれたときからいっしょ　感触を楽しむ　自分でできた!―自我・社会性の芽生えとともに―　こんなふうにも　あんなふうにも―高まる器用性と社会性―　たかが布、されど布―種も仕掛けもない一枚の布で　乳児から幼児まで―　柔らかく　ゆったり

【布】

　最もシンプルな道具「布」。それは、大人が一般的に抱く〔おもちゃ〕の概念には含まれにくいものかも知れません。ですが、なぜか子どもは、特に乳児は布が好きです。この何の変哲もないただの布のどんなところにその秘密が隠されているのでしょう。

生まれたときからいっしょ

　そのひとつは、子どもと布との出会いにあるのではないでしょうか。産着・ガーゼ・シーツ・母親の衣服・タオル…等、子どもと布との付き合いは、生まれてすぐのときから始まっているのです。こうして、子どもは新生児の頃から肌になじんでいる素材、「布」から安心感を得たり、またその感触を楽しむことで五感が刺激されたりするのです。

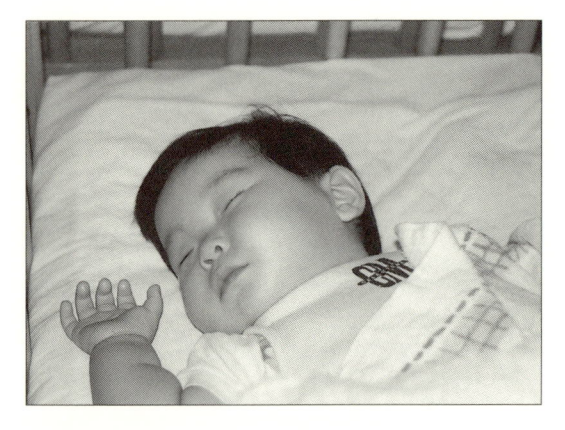

　ですが、素材の持つ旨味を引き出すのは、大人の役目であり、課題です。子どもの成長発達を助ける道具としてのいのちを布に吹き込み、子どもと布との関係をよりよいものへと導いていけるよう、その時期に見合った遊び方のモデルを示してあげましょう。

感触を楽しむ

　運動機能の発達が未熟な０歳児では、主に感触遊びをします。
　握る・放す・引っ張る・顔や頭にかぶせられた布を払う・大人が揺らしたり、振ったりする布を追視する。放たれた布の行方を追う。大きめの布に大人と二人で入るなど、布そのものの感触を楽しんだり、大人との対話を楽しんだりという遊びが中心になるでしょう。わらべうたやごろあわせとともに楽しみながら、少しずつ手指の動きも促されていきます。
　この時期は、道具を衛生的に管理することも大切なポイントです。
　布は、こまめに洗濯をし、天日に干し、気持ちのよい状態で提供しましょう。

第1章 【布】を使った遊び

[大布]（化繊）
■頭からスッポリと覆ってもらった大布を取り去ろうと、自分の手で握っては引き（ちょっとドキドキ：緊張）、やっと取れた、見えた。あー、よかった（安堵：解放）。
■払いやすい滑りのよい素材が、過度の緊張（恐怖心）を防ぐとともに行為を助け、スルッとした感触が肌に心地よい余韻を残します。
■大人との対話が楽しい遊びです。大人は、表情豊かにゆったりとユーモラスに接しましょう。

＊「Tちゃんがいない
　　　でてこいでてこい…」
「バァ！　Tちゃんいたねー。よかったねー。」

[半透明な布]
■視界がさえぎられることが不安な子ども、またはそういう時期には、透けた素材の布も用意してあげるとよいでしょう。
■頭や顔にかぶったときには、うっすらと向こう側が見えることで安心できます。

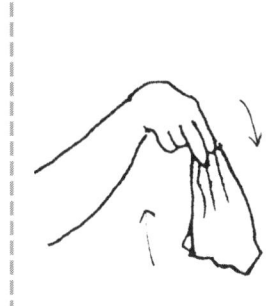

↓：布を片手でつまみ、上下に振ります。「トンデケー！」で布を放ちます。
＊子どもの目を見ながらとなえましょう。
＊目線や視野など、その子どもに合った範囲を考え、ゆったりととなえ、動かしましょう。

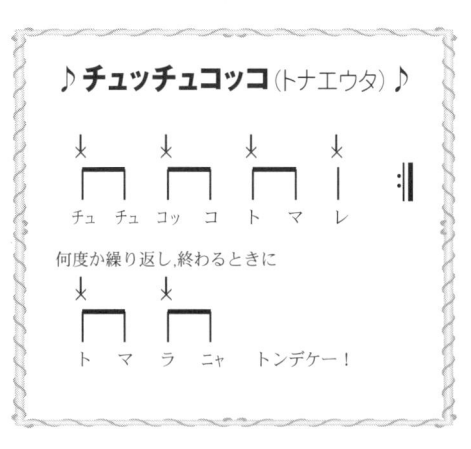

♪**チュッチュコッコ**(トナエウタ)♪

↓　　↓　　↓　　↓
チュ　チュ　コッ　コ　ト　マ　レ　：‖

何度か繰り返し、終わるときに

↓　　↓
ト　マ　ラ　ニャ　トンデケー！

自分でできた！
―自我・社会性の芽生えとともに―

　こうして十分に遊び、布の性質を知り始め、手先もある程度動くようになると、次の課題が見えてきます。それまで無造作に握ったり放したりしていた布を、広げたくなるのです。目的意識・達成意欲が生まれてくるのです。それまで繰り返しやってくれた大人の行為を、子ども自身の自己行為としてやってみたくなるのです。自分で広げた布を自分でかぶったり、何かにかぶせたりするようになります。

　この「広げる」という行為の中には、掌から指先への感覚の分化を促す操作・機能練習遊びの要素がたくさん含まれています。ぬいぐるみや人形に、布を何枚も繰り返しかぶせる行為が、1歳児期の遊びに多く見られますが、そこには〔世話遊びの始まり（社会性の芽生え）〕と並行し、運動的課題も含まれていることを知り、遊びを助けてあげましょう。

　たとえば、"この子は世話遊びをしない、好きではないようだ"ととらえる前に、手指の動きはどうなっているかを観察してみましょう。どこかが未発達で器用さに欠けるため、布を扱いきれずにいるという場合もあります。この場合、扱いやすい素材や大きさの布を用意してあげることも助けになります。すなわち、発達に見合った道具を大人が提供する重要性がここにもみられます。

「広げる」
- ■布の縁に指先を滑らせて広げています。
- ■適度の厚みと堅さのある木綿素材が広げやすく、遊びを助けます。
- ■「赤」という鮮明な色が、布の縁を見えやすくし、目と手の協応を助けます。

[リトルベア]（ドイツ・ジルケ社）
- ■片手でもつかめるサイズのぬいぐるみ。
- ■ふっくらと厚みがあり、感触のよさとともに、握るときの手指を刺激します。
- ■つかみとるために、掌をいっぱいに開く。
- ■しっかり握るために、各指先に力を入れる。

第1章 【布】を使った遊び

[小さい布]
■小さめの布は、未熟な手先にも扱いやすく、達成感が得られ、次への意欲も生みます。布の扱いが苦手な子どもの遊びの助けとなり、自信がつくことで抵抗なく他の布への関心も広がっていくことでしょう。

[立ち台]
■這い這いの頃、「くぐり棚」として使っていた棚は、成長につれて「立ち台」としての役割を果たすようになります。歩行安定後は、立位での遊びも可能、かつ大切となるので、この使い方は効果的です。

「握る」から「つまむ」へ
～掌から指先への感覚の分化～
■自分で広げた布を、両手、指先でつまむ形で持ち、大人のしぐさを模倣し、わらべうたに合わせ、落とさずに振ることもできるようになります。

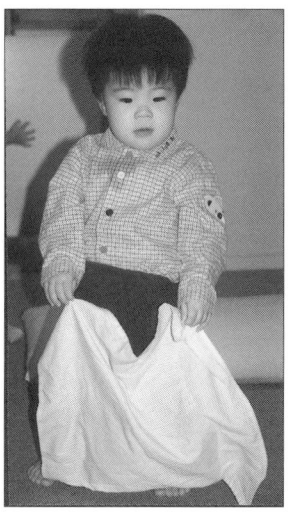

♪うえからしたから♪

$\frac{2}{4}$

うえから、したから、おおかぜ こい
こい、こい、こい！

＊広げた布を両手で持ち、上下に振りながらうたいます。
＊「おおかぜ」だからといって、激しく振って風を起こすのではありません。目に見える布の動きと、それに合わせて起こる目には見えない空気の動きを感じる楽しさを伝えるような、豊かな感性を持ってうたってあげたいです。

第4部 積木と出会うまでⅢ 積木遊びの練習

「広げる」→「かぶせる」「重ねる」

■ぬいぐるみに、布を次々にかぶせています。片側の縁を揃えることを意識して行っているようです。

■ぬいぐるみ全身を覆いつくしていますが、この場合、世話行為前の「広げる、かぶせる、重ねる」行為の練習遊びとしてとらえ、繰り返しの行為を見守り、達成感を共感してあげましょう。顔だけを出して布を掛けるという行為は、次の課題でよいでしょう。

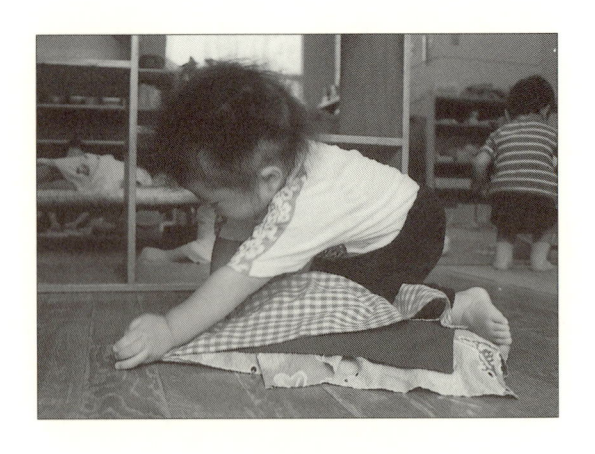

「広げる」→「掛ける」
～床面から壁面へ：空間認知の広がり～

■ついたてに掛ける際、向こう側にもこちら側にもずり落ちないように重心も感じて掛けています（平衡感覚）。

■同等サイズの布を選び、揃えるようにして重ねています（大きさの認知、目と手の協応）。

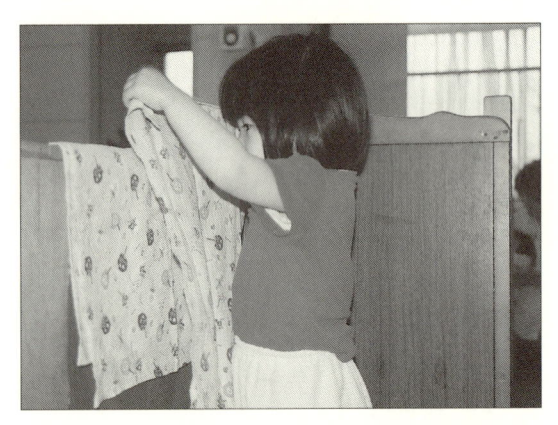

＊「おせんたくしてるの。干してるの。」

♪ももや ももや♪

```
2/4  r  dd  rdl₁   rrdd
     も もや ももや, ながれは
     rdl₁   r  dd   rdl₁
     はや い, せんたく すれば,
     rrdd  rdl₁
     きものが ぬれる, ア, ドッコイ ショ.
```

＊せんたくものを上下左右に振ったり、右手と左手をこすり合わせるようにして揉んだり、両掌で押したり、左右の手首をひねったりなど、"せんたく"にはいろいろな手の動作がありますね。そんな所作と♪ももやももや♪はぴったり！　うたいながらうたの鼓動（拍）に合わせ手（布）を動かしてみて下さい。せんたく遊びがより楽しくなりますよ。

こんなふうにも あんなふうにも
―高まる器用性と社会性―

　布遊びの基本でもある「広げる」という行為をマスターすると、さらに「包む」「たたむ」「巻く」というように、その操作的課題もより高度になっていきます。また、その一方で高まりつつある社会性ともあいまって布を身にまとっての振るまい遊びや、大布を敷いて家づくり（お客さんになったり、招いたり）、ぬいぐるみや人形をのせた大布を数名で持ち、息を合わせて揺らすなどの仲間遊びも見られるようになるなど、2歳を過ぎる頃から布遊びは次々と発展していきます。

「広げる」→「たたむ」→「巻く」

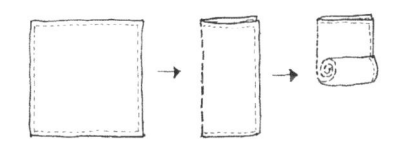

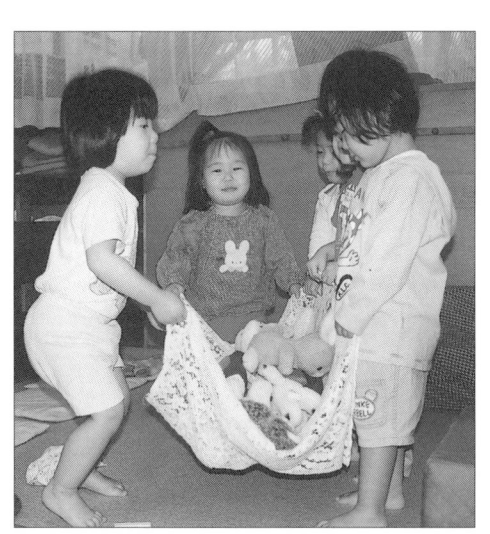

♪このこどこのこ♪

* 「〇〇ちゃんのウサチャンものせて。」
  「いいよ。どうぞおはいりください。」
  「ゆらゆらしようか。」
  「〇〇ちゃんはここ。△△ちゃんこっちね。」
  「せーの！」

*布をしっかり持つ（手先の運動機能発達）。
*各自ポジションを選び、バランスよく持ち上げる（平衡感覚：全身の運動機能発達）。
*のせる人形やぬいぐるみと布の大きさの適性を見極める（大きさの認知：知的発達）。
*息を合わせて持ち上げ、揺らす（仲間意識の芽生え：社会性、心理的発達）。

♪こりゃどこのじぞうさん♪でも同じように遊べます（楽譜集参照）。

たかが布、されど布
一種も仕掛けもない一枚の布で　乳児から幼児まで

　シンプルなものだからこそ、固定概念にとらわれず、幾通りもの遊びが考えられる道具、「布」。単独でも他の道具との組合せでも、0歳児でも1歳児でも2歳児でも、ひとりでも数名でも、それぞれで遊びを広げてくれる道具、「布」。

　発達や年齢、季節に合わせ、素材や大きさ、色、形、数などいろいろな布をバリエーション豊かに用意してあげましょう。

　微細運動の発達を促すとともに、わらべうたや詩など対話的な遊びも折り込み、子どもの社会性、想像性および創造性（言語的・数的・美的）にもはたらきかけましょう。乳児期にたっぷりと遊びこんださまざまな布遊びは、幼児期の生活や遊び、各活動へもつながっていきます。

　布と慣れ親しんできている手指は、日々の生活の中で難題に遭遇しても、少しのことではあわてません。お弁当包み、エプロンと三角巾・靴の紐・縄跳びの縄・運動会のはち巻きなど、生活のさまざまな場面で待ち受けている課題、「結ぶ・ほどく」という、布類の扱いで最も難しい行為がそれです（子どもが使いやすいよう、困らないようにとさまざまな商品が、日々開発される現代、「転ばぬ先の杖」を用意し過ぎる大人側の問題も考えないとなりませんが…）。「結ぶ」場面に出会ったとき、赤ちゃんの頃からの積み重ね、体験が一瞬の戸惑いをきっと救ってくれることでしょう。

「結ぶ」
クッキー作り（母の日のプレゼント）
＊三角巾を作り（正方形→三角形）、友だちと結び合って身支度。～5歳児～

　次に、各活動（課業）との関連性についても考えてみましょう。

　〔美しい色調の布との出会い〕や、〔角と角・辺と辺を合わせてたたむ、巻くという体験〕は、「色彩感覚や折り紙など含む絵画・造形活動（美術）」へと。大きさや形の異なる数種の布との出会い〕や、〔たたむことで原形から異なる形・大きさへと変化していくという見通し〕は、「数」へと。〔いろいろな素材と出会い、肌で覚えた感触〕は、「自然界やものの成

り立ちを考える環境認識（自然・社会）」へと。〔布の感触とともに心地よく響いたわらべうたや詩〕は、「音楽」「文学（言語）」へと。そして、〔大人との対話やひとり遊びで満たされた気持ちと芽生えた自立心、友と交わる喜びを知った経験〕が、さらなる「社会性」の育ちへとつながっていくのではないでしょうか。

ひな人形のもうせんづくり
＊紙粘土で成形、絵の具で色づけ。自分のおひなさまを愛で、ひと針、ひと針縫い進めます。〜5歳児〜

　これらは、布に限らずさまざまな遊びにおいて共通することもありますが、布1枚で広がる世界、「たかが布」ですが、「されど布」と見直してみてはいかがでしょうか。奥が深いです。

　早速、ポケットのハンカチを出してみて！　幾通り遊べますか？

柔らかく　ゆったりと

生まれたときからのなじみ深いつき合いの布は、その感触は赤ちゃんにも優しく、また、遊具としての応用範囲も広く、子どもの柔軟な発想力を豊かに刺激してくれます。空気をはらんで表情豊かな動きを見せる布は、わらべうたや詩の味つけにもひと役買って出てくれ、子どもの感性を優しくなでてくれますが、絵本のなかにも、そんな布のように、柔らかくゆったりとした流れで乳児の心にそっと浸み込むおはなしがあります。いくつかご紹介しましょう。

『おててがでたよ』（福音館書店）

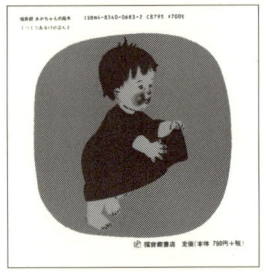

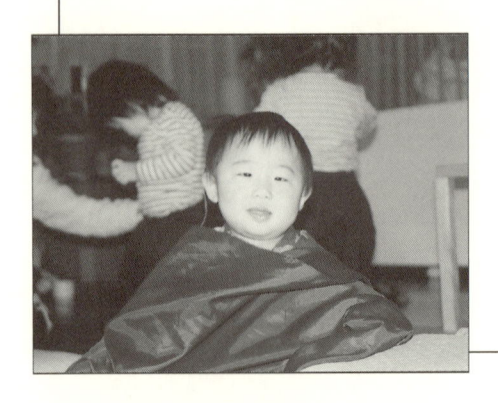

自己の身体図を知ることはとても大切なことで、子どもは、乳児期からのいろいろな体験を通してそれを身につけていきます。

すっぽりかぶったブカブカの服から、赤ちゃんが手を出し、頭を出し、足を出し…と、自分の体の部分ひとつひとつを確認するように進んでいくそのさまは、まさに、そのことも表わしているようですが、子どもは、もっと身近な感触で、このおはなしがもつ優しい空気をシンプルに感じとっていくことでしょうね。大布を頭からかぶっては「バァーッ」とようやく顔を出せたときの安堵感と楽しさのように。

『きゅっ きゅっ きゅっ』（福音館書店）

　赤ちゃんがぬいぐるみの動物たちと一緒にスープを飲み始めると、ねずみが、うさぎが…、いろいろなところにこぼし、そして…。おなはしの展開も身近で楽しいのですが、何より子どもの心をとらえるのは、「ふいてあげるね　きゅっ　きゅっ　きゅっ」というフレーズのようで、絵本を離れた遊びのなかでも、おぼつかない発音ながらもそう言いながらくまさんなどのお世話をする姿も見られます。

　二作品ともに、顔だけでなく手や足、全身の表情にまで赤ちゃんらしさが描かれた丁寧な絵と目に心地よい色、わかりやすい簡潔なことばを使ったゆったりとした話の運びが魅力です。

『おつきさま　こんばんは』（福音館書店）

　その存在を、全身で感じることで知る太陽に対し、月は、その姿を確かな形として目でとらえることができます。また、ゆっくりと時間をかけ日々少しずつ満ち欠けし形を変えていくさまは、ゆったりとした時の流れを感じさせ、子どもの目と心に優しく残ります。

　月が現れる夕暮れどきから宵闇にかかる頃、保育園で一日遊んだ疲れとお迎えを待つ人恋しさとで萎えたり尖ったりしがちな子どもたちの心に、丸味のある柔らかい光が優しくジワーッと浸み入り、穏やかな時間へと誘なってくれます。

　そんな優しいおつきさまが子どもたちは大好きです。おつきさまのおはなしやうたが大好きです。全体的に暗いトーンの色のなかから明るい黄色のまんまるおつきさまがゆっくりと現われ微笑みかけてくれる『おつきさまこんばんは』は、日常の子どもの心の動きそのものなのでしょう。子どもたちの大好きな絵本です。

第4部 積木と出会うまでⅢ 積木遊びの練習

子どもたちの大好きなおつきさまは、わらべうたにもたくさん登場してきます。
　夕暮れどきの園庭の空に、お部屋から窓の外に、おつきさまの姿を見つけるそばから自然にうたい出したくなるうたばかりです。

♪おつきさんこんばんは♪

```
l₁ d d   d      r  d   r
おつき さん    こんばん は

l₁ d d   r      m  d   r
お はい り     じゃんけん ぽん

d r r d  d d d d  m d d  r
まけたら でなさい おつき さん
```

*本来の遊び方は、幼児になってから出会うことになると思いますが、テンポや音色に配慮し乳児にもうたってあげることができます。月を眺めながら大人のうたを聞いたり一緒にうたったりして楽しめる子どもたちの大好きなうたのひとつです。

*テンポも乳児に適しており、布やフープをうたの鼓動（拍）に合わせて左右に揺らしたり、ボールを同じく左右に転がしたりしながらゆったりたっぷりうたってあげられるでしょう。

♪おつきさまえらいの♪

```
r r r r  r d    r l₁ l₁ l₁   r r r r  r d
おつきさま えらいの、   かがみのように

r  l₁  l₁    m m m s    r  d  r
なったり、  くしのように  なったり、

r d r d  r d r d   r r  m  r d r
はる、なつ、あき、ふゆ、 にほんじゅうを てらす。
```

74

第4部
積木と出会うまでⅢ
―積木遊びの練習―

第2章
【入れたり出したり】の遊び

【入れたり出したり】　「入れたり出したり」に含まれる課題的要素　「入れたり出したり」の道具と遊び
音〜〜〜〜〜

身体的に発達し、自分の身体をしっかり支える安定した"おすわり"ができるようになると、手腕が、身体の支持から解放され、この頃から手先を使った遊びが盛んになります。座位での腕の上げ下ろし、握った物を持ち上げる、放して落とすといった動きがとれるようになり、また、このことと並んで、知的な高まりもみられるようになってきます。この心身の発達段階に有効にはたらきかけ、手先の器用性と知的欲求の芽生えを満たし、さらに助長してくれるのが、積木の前に出会うさまざまな「操作・機能練習遊び」です。

前章でご紹介した「布遊び」もそのひとつですが、それに次ぐ、あるいは並ぶ、その他の出会うべき道具や遊びについて、みていきましょう。その道具や遊びが、子どもの何を助け、育てるのかなど、発達との関係にも焦点を当て、分析していきましょう。そこには、「積木遊び」とのつながりも見えてくるはずです。

本書では、1歳前後頃から盛んになる遊び、「入れたり出したり」について考えてみましょう。

【入れたり出したり】

"静かだなあ…一人でよく遊んでいてくれてなんておりこうさんなんでしょう。おかげで家事が…"などという穏やかな微笑みを一瞬にして悲鳴に変えるいやな予感…ハッ！もしや!?　と振り返ったときには、時、すでに遅し、部屋はさまざまな物の海と化している～さきほど取り込み、かごにひとまとめにしておいた洗濯物、箱型ティッシュペーパー、棚や箱に収めたばかりのおもちゃなどの散乱～。かと思えば、ゴミも大事なものも一緒に満杯になっているゴミ箱、家中の穴という穴、隙間という隙間に何やら詰まっている。そして、そこには、親の苛立ちをよそに、しごく真剣でキラキラした瞳で集中し、せっせと取り組むわが子の姿が…。

こんな光景は、子育ての中で、多かれ少なかれ経験されることと思います。大人にとっては"いたずら"としかとれない困りもののこの行為ですが、実は、ここにも成長発達過程での重要なキーポイントが隠されているのです。

入っているものは出してみたいし、こぼしてみたい、空になるまで出してみたい、飛び出しているものは引っ張り出してみたい、出続ける限り出してみたい。穴があれば埋めてみたい、とにかくふさがるまで（穴である限り）埋めてみたい…こうした欲求から起こる自らの探索行動を繰り返すうちに、子どもは、"～は、こうすればこうなる"など、物事の原理に気づき始めます。そして、それらは、次第に確信となり、知識や意識となっていくのです。

すなわち、"学習"です。"学習"とは、単に知能（頭）にはたらきかけることではなく、

自我の芽生えとともに起こるさまざまな葛藤から、それらをひとつひとつ乗り越え自己確立をしていくなど、心の成長や人格形成をも助ける重要なものなのです。

そこで、この"入れたい！出したい！"という、成長過程で訪れる欲求を"いたずら"ではなく、子どもの成長発達を助ける有効な"遊び"として成立させ、十分にさせてあげられるような道具や、この遊びがもつ課題的要素（ねらい）について、考えていきましょう。

「入れたり出したり」に含まれる課題的要素

この遊びを通して育つものを、幾つかの側面から分析してみましょう。

"空間知覚" / "数的認識"の側面から

☆ものの性質を知る （入れ物と入れる物）

- 入れ物には、口と底とがある。
  凹と凹とがあり、凹側に物を放つと収まり、凹側に放つと収まらない。
  《形の認識》

- 入れ物によって、容量が決まっている。
  凹側には物が入るが、入れ続けるとやがてはあふれ出る。
  《大きさ・量の比較・認識》

- 入れ物の口の形状と入れる物の形状との適合性。
  ある穴（口）には、入る物と入らない物、また、入る向きと入らない向きとがある。
  《形状の異なる二つの物質の相互関係の認識・
  ひとつの物質がもつ多面性の認識》

"運動発達"／"感覚統合（微細運動及び感覚統合）"の側面から

☆手指の器用さ・目と手の協応を促す

- 所定の場所に物を入れる。手に取った物を、ある特定の形・大きさの穴（的）に向けて移動させ、穴と合ったところを見極め、持っていた物を放し、入れる。
  《視覚でとらえた的を狙う腕、手・指の動きのコントロール》

"精神的発達／(社会性・精神的バランス等)"の側面から

☆ルールとの出会い

- 入れる ⟷ 出す…相反する二つの行為は表裏一体、一対の行為であり、"入れた物を出す、出した物は入れる"というのは、ひとつのルールです。
- 遊びの中でルールと出会い、受け入れていくことは、大きくは、社会のルールの中で自己主張をコントロールしていくこととつながっていくとても重要なプロセスです。自我が芽生え、ままならぬ局面とたくさん出会う時期、ルールというものの存在を知ることは、物事の見通しをたてることへと導き、そのことが心の安定をうみます。
- ルール＝禁止ではなく、ルールがあるからこそ物事が明らかとなり、その納得が安心感となり、次のステップへと後押しするのです。

☆達成感と解放感を得る

- 入れる ⟷ 出すという相反する二つの行為には、その運動と比例する精神的な緊張と弛緩が伴います。

「入れる」～緊張～
{ 器一杯になるまで入れる / 的をとらえ、狙い入れる } → 集中力・持続力の実り 《達成感》

「出す」～弛緩～
{ ザーッと一気にこぼす / 無造作に握っては取り出す } → 《解放感》

- 自力で集中してこそ得られる達成感・解放感という心地よさが、次への意欲をうみます。

「入れたり出したり」の道具と遊び

　これをねらいとしてつくられた既成（市販）の遊具から、日常の生活用品など身近な物までを含め、この遊びを助ける道具は、工夫次第で広がります。その子どもの発達段階に見合った難易度のものを選び、提供してあげるとよいでしょう。

　どんな遊びでもそうですが、特に手先の未発達な乳児期では、難しすぎる課題は逆効果、返っていらだちや葛藤を増幅させてしまい、意欲も萎えさせてしまいかねません。できた喜びがさらなる意欲をかきたてるのですから、現状よりも一歩先の課題を目安に道具を選んであげましょう。

　たとえば、ある道具をおろし、大人が遊び方のモデルを示し誘ってみたところ、子どもは関心を示し取り組むものの、あまりにも悪戦苦闘し焦れてしまうようであれば、それよりもワンランクやさしいものに替えてあげるとよいでしょう。では、実践例もあげながら、いろいろな道具や遊び方をみていきましょう。

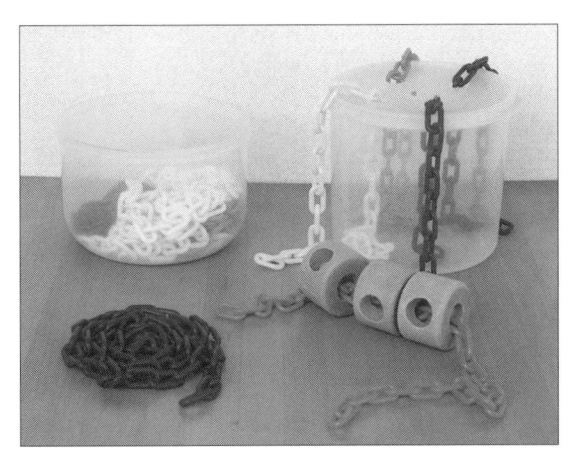

[穴おとし]
- 食品用密閉容器として市販されている容器の蓋に丸穴を開けたものです。
- 半透明：内容物が見えるので、"入った""まだ入る""空っぽになった"など、子どもが自分の行為とその結果を視覚的にもとらえ実感できます。

[カラーチェーン]
- 握ったときに掌にかかる適度な刺激は、掌から指先への感覚分化へとはたらきかけます。
- 丸みを帯びた（突起のない）形状と、安定したつなぎ目は、物を口へ運ぶことの多い０〜１歳児にも適しています。
- 適度な重量感：穴に向け垂らしたとき、垂直に下がり、的をとらえやすいです。放ったときの穴をスルリと抜け落ちていく感じと落ちた瞬間に確かに響く音が実感されます。
- 鮮明な色が、視覚にはたらきかけ、色彩感覚をも刺激します。

「蓋をはずして」

＊穴という小さな的をとらえるのが難しい段階では、蓋をはずして的を広げてあげることもできます。

＊やみくもに、何でもかんでも出す、こぼし散らすという行為に、ある一定の範囲内にこぼすという課題を持たせることで、その子どもに目的意識が生まれます。

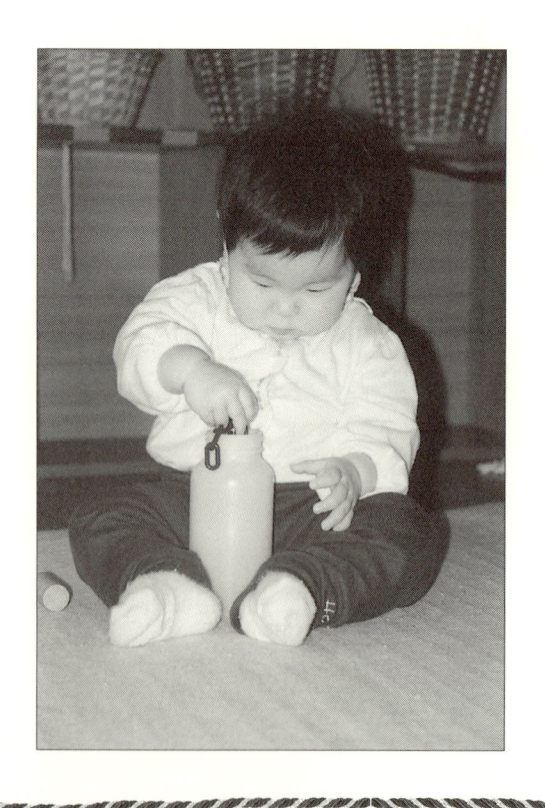

「別の容器へと移し入れる」

＊容器Aから容器Bへと移し入れる行為には、容器Aを、持ったまま傾けるという操作課題を伴います。
（肩から腕、手首、手指への連動／目と手の協応動作—微細運動発達—）

＊容器Aを満杯にしたカラーチェーンを容器Bに移し入れると余裕が生じ、"まだ入る"とさらに容器Bを満杯にした後、再度、それを容器Aに戻すとあふれ出るという現象に出会います。
（大きさ・量の比較、認知へとつながっていきます—知的発達—）

「全身の神経をびんの口に集中させて…」

＊縦長でやや不安定な「広口びん」の性質を察知し、爪先にまでも神経を働かせた両足で挟み込むようにして、びんを支えています。
（ものの性質を知る—知的発達—／粗大運動と微細運動との統合）

＊やや開いた左手から、適度に力を逃がすことで、上体のバランスが保たれ、右手がコントロールされます。

＊目で、びんの口と手元をしっかり見据えています。（目と手の協応動作）

「より小さな的(穴)を目と手でとらえて」

＊指先でカラーチェーンをつまみ、腕を高く上げ、カラーチェーンの先を穴に合わせるまでこの姿勢を持続させ、合ったところで放す…この一連の行為について分析すると、

①肩から腕・掌・指先への神経伝達と連動
②目と手の協応動作
③穴までの距離を測る（空間認知）
④集中（緊張）と解放（弛緩）
⑤目的意識（意志）と結果の受容
⑥達成感と次への意欲

などの課題的要素がみえてきます。

「より高い目線から的(穴)をとらえて」

＊立位での穴おとしは、座位でのそれよりも高い集中力と操作性が要求されます。
まず、足・腰・背筋で自分の身体をぶれないように安定させ、そして、肩・肘・手首を使いカラーチェーンの位置を保ち、さらには目で的をとらえ、"ここだ！"という瞬間ではカラーチェーンを離さないよう指先にも神経をいきわたらせながらカラーチェーンを降ろしていき、最後、穴へと収めなければならないのです。

♪こめついたら♪

こめ ついたら はな そう, ハナシタ！

＊子どもの手の甲をつまんで優しく振りながらうたい、「ハナシタ」で甲を離し、下から子どもの手を受け止め握る…という元々は"遊ばせ遊び"のわらべうたのようですが、「入れたり出したり」の遊びをより楽しくしてくれる歌のひとつでもあります。「タ」を歯切れよく発音しましょう。

＊入れ物の上でカラーチェーンを上下に振り、「ハナシタ」でパッと手を開き、カラーチェーンを入れ物内へと放ちます。

＊未発達な手の子どもにとって、意識的に握っている物を意識的に離すという行為も難しいものです。心身ともに入った力（緊張）をタイミングよく一気に抜く（解放）わけですから、行為と符号する「はなす」ということばと歌のリズムにもきっと助けられることでしょう。

第4部 積木と出会うまでⅢ 積木遊びの練習

「自分だけの空間で集中」～環境設定～

＊くぐり棚に、ありったけ集めたカラーチェーンとともに入り、じっくりと取り組んでいます。
＊心身ともに繊細さが要求される"操作・機能練習遊び"は、道具や遊び方の提供とともに、集中できる空間づくりも重要なポイントとなります。特に、保育園など集団の場では、子どもひとりひとりが安心してじっくりと取り組めるような工夫をし、各々の遊びを守ってあげましょう。

[棒おとし]（容器はチェーンとの併用可能）

■蓋に4個の穴（大2・小2）
■棒は木製で2種（太棒・細棒／長さ同等）
　穴と棒はジャストサイズ
■棒を縦に持って入れます。
　①向きを考えるという課題が加わります。
　②掌と指に当たる感触が異なります。
　　～カラーチェーンよりも難易度アップです。
■穴とぴったり合わせるために、目と手の協応動作もより高度となり、また力のコントロールも要求され、手先の感覚分化も促されます。
■太い／細い：大きさの比較・認識

[円板おとし]

■蓋に円板の厚さ・直径とジャストサイズの穴2個
■円板は木製、サイズは皆同等
■円板を縦に持って入れます
①平たい円板を挟むように持つことで、親指と他の指が対向した操作も促します。
②穴と円板の角度を合わせるために、手首を左右に捻るという手首の動きも促します。
　～棒おとしよりも難易度アップです。

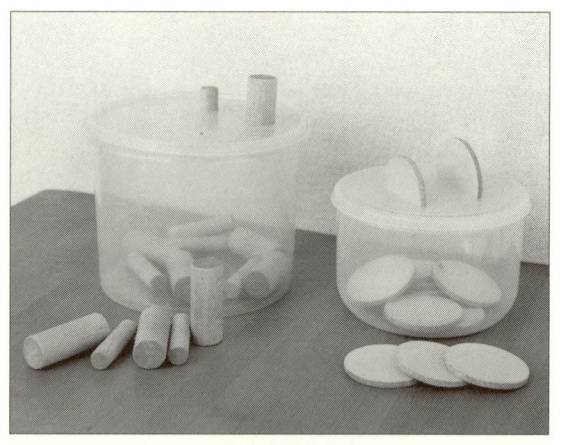

第2章【入れたり出したり】の遊び

[キャップおとし]
- 牛乳キャップ4枚を合わせ、布でコーティングしてあります（ボンド不使用）。
- 蓋にキャップの厚さ・直径とジャストサイズの穴2個
- キャップの持ち方と角度を合わせる点は、円板おとしと同様ですが、円板よりもサイズの小さいキャップの操作には、さらなる指先の器用さが要求されます。

[パズルボックス] (Fisher Price アメリカ)

（底面（外壁）　上げ底部分の内壁に板が渡らせてある）

- 蓋に3種の穴があります（○□△）。
- 円柱・直方体・三角柱計3種の立体
- 色は赤・青・黄・緑の4色
- 蓋の開閉は自在
- 底面（外壁）にストッパーがあり、底側には蓋がはまらないようになっています。

〈遊びの自立〉
蓋の開閉のもどかしさにとらわれずに、本来の目的に集中できます。

～手づくり品と既製品～

　目の前の子どもの姿から思案し生み出される手づくり遊具は、その温もりもさることながら、まさにその子どもにとってのジャストサイズであり、遊びを大いに助け、広げるといえるでしょう。しかし、一方では、手づくり品ゆえの限界という弱点もかかえています。本章の遊びにもそのことが見えます。密閉を目的として製品化された容器ということで、蓋の開閉という点に弱さがあるのです。既製のパズルボックス（Fisher Price）が、蓋の開け閉めも子ども自身で行い遊ぶことができ、遊びの自立をも促すつくりになっているのに対し、密閉容器利用の穴おとしは、子ども自身が開け閉めするには蓋が堅過ぎます。困難な蓋の開閉が、せっかくの遊びの自立に水を差し、妨げることになりかねないのです。そこで、大切になってくるのが大人のはたらきかけです。子どもの遊び（自己行為）を見守り、タイミングを見はからい、助けましょう。「いっぱい入ったね、もう入らないねぇ…。出してもう一回やってみる？　開けてあげるね。」など、子どもの行為の結果を認め共感する表情とことばがけとともに蓋の操作を手伝い、新たな展開へと導いてあげましょう。

第4部 積木と出会うまでⅢ 積木遊びの練習

[ポストボックス]（スイス）

■キューブ型ボックスと4種の立体

■上面に各立体の一面を型取る穴があります。

■扉の開閉は自在、小さな把手を指先でつまみ、横方向へスライドさせる扉です（片手を添えて本体を支える、把手を指先でつまみ、手首を固定させた状態で肘を中心に手腕を左右に動かすという高度な操作が要求されます）。

■木製：視覚・触覚・聴覚に木の温もりが優しく心地よく、感性にはたらきかけます。

「机上遊びとして」

＊椅子にきちんと腰かけて取り組む机上遊びの形をとることが望ましいでしょう。

＊ポストボックスの隣に、かごやバット、ボウルなどを用意してあげるとよいでしょう。ボックスの外に出たものも子ども自身で管理することも促し、写真のように同テーブルにて複数の子どもが同時に遊ぶときの個々の遊びの助けにもなります。

第2章【入れたり出したり】の遊び

[いろは積み木おとし]

■穴は5種（縦・横・斜め2方向・面）と取り出し口です。

■壁面に固定させて使います。

①壁面に向かって入れたり出したりするとき、"前方に押し込む"という操作が要求されます。そこで、手の甲側への反りが生じ、手首の動きがより促されます。

②取り出し口に手を入れて箱の中を探るとき、"奥行"という空間が意識化されます（空間認知の広がり）。

③取り付け位置の調節により、遊ぶ姿勢や目線、手腕の動きなども変わるので、課題（育てたいこと・助けたいこと）によって決めてあげるとよいでしょう。

■布でコーティングした紙箱に積み木が落ちるときの「コトッ」という音も心地よいものです。

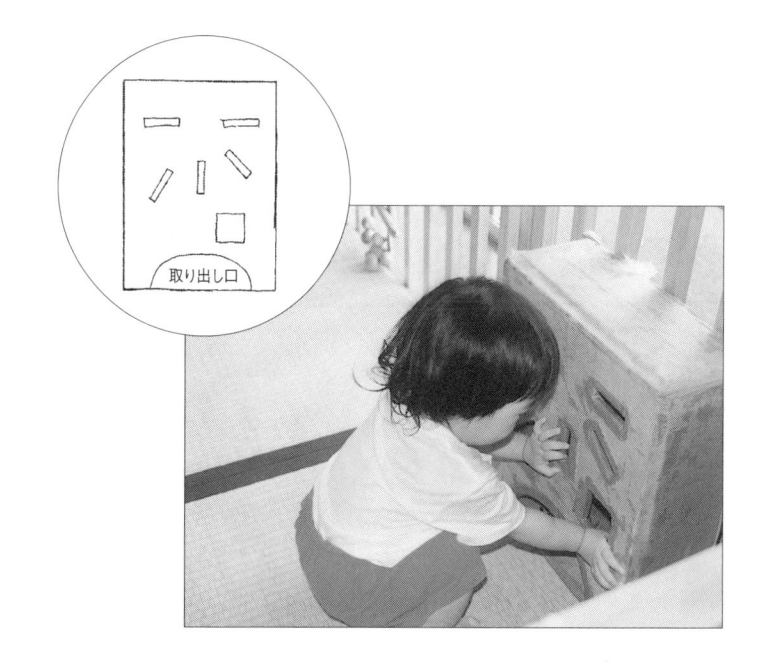

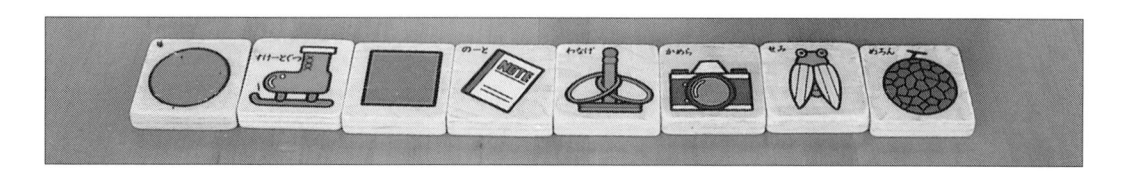

音

　入れたり出したりの遊びでは、物が落下する方向や速さや音のいろいろと出会います。それらは身体機能発達や知識と並んで大切な"感性"にはたらきかけます。

　子どもは、音の響きやリズムに敏感な耳を持っています。その耳を心地よく刺激し、感性に呼びかけるもののひとつが、身近な人の声によるわらべうたやごろあわせ、詩です。これらは、とてもシンプルなものですが、発する大人の声の高さや音色、イントネーション、リズム、速さ、強弱などにより、同じものでもさまざまにイメージが変わります。子ども、特に乳児は、そういう変化にも敏感で、よーく聞いています。

　そんな時期に出会わせてあげたい絵本に「音」を表現した作品がいくつかあります。耳から入ってくるいろいろな音とそこからイメージされるリズム、色、大きさ、動きがそれぞれユニークに描かれています。「音」という抽象的で感覚的なテーマには表現の難しさがあるように思われるのですが、どの作品も音の世界が自由に描かれており、目に飛び込んでくる絵のインパクトはもちろんのこと、読むときに思わず顔の筋肉もいろいろに動いてしまうほどの楽しさでいっぱいです。感覚的で想像力柔軟な乳児期の子どもに読んであげるうちに、概念的で堅くなりつつある想像力をもつ大人の感覚もほぐれていくことでしょう。ユーモラスな音の世界を、どうぞお楽しみ下さい。

『ころころころ』(福音館書店)

　色玉が"ころころころ"という音にのって、いろいろな道を進んでいくというお話です。絵本なのに字ばかりを読みがちな大人にとっては、「ころころころの繰り返しか…」ということにもなるかもしれません。ですが、子どもは、絵本から絵も音(ことば)もたっぷりと楽しみます。読んでくれる大人の声と絵からイメージをふくらませ、小さな色玉に感情移入していくことでしょう。

　絵本ですから、もちろん、静止画で、実際に視覚に映る色玉は静止しているのですが、きっと子どもには動いて見えるのでしょう。"ころころころ"という耳に心地よく楽しい響きが、色玉に躍動感を与え、動かすのです。いろいろな表情をもって進みゆく色玉は、子どもの心の中で、自分自身になっているのかもしれませんね。

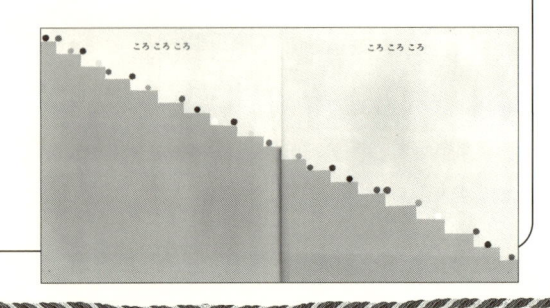

第2章【入れたり出したり】の遊び

『がちゃがちゃ　どんどん』(福音館書店)

色玉が、出会う状況の違いで、同じ"ころころころ"という音にもいろいろなイメージが抱ける『ころころころ』とあえて比較分析するならば、『がちゃがちゃ　どんどん』は、異なるいろいろな音をとりあげ、それぞれの音のイメージを絵に描いた作品で、「音」がテーマになっているという点では同じ枠に分類されるかもしれませんが、まったく違う味わいの仕上がりになっていると思います。

単純な形と鮮明な色に加えて、音と音の間合いを感じさせるほどよい余白や、音の波長や余韻を思わせる色のグラデーションなどまでもが描かれており、想像力が大いにかきたてられる作品です。

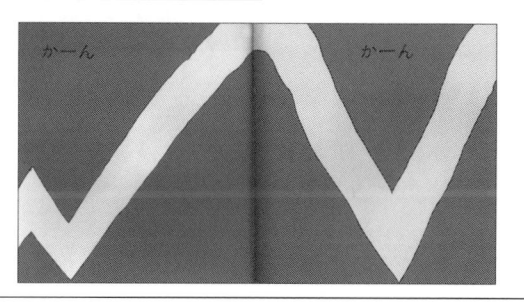

『もけら　もけら』(福音館書店)

『ころころころ』『がちゃがちゃ　どんどん』の作者特有のモダンアートの世界に、ジャズ・ピアニストのテイストが加わり、ひと味もふた味も違う豊かな音と絵の世界が広がります。よりリズミカルで、読み通したとき、ひとつの音楽を奏でたような気分にもさせられる作品です。

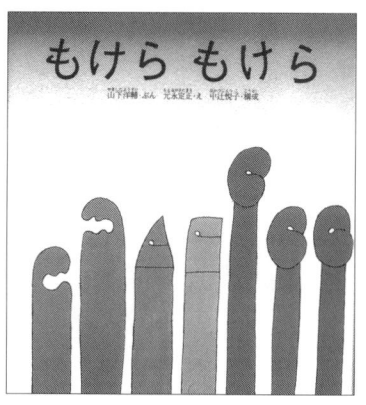

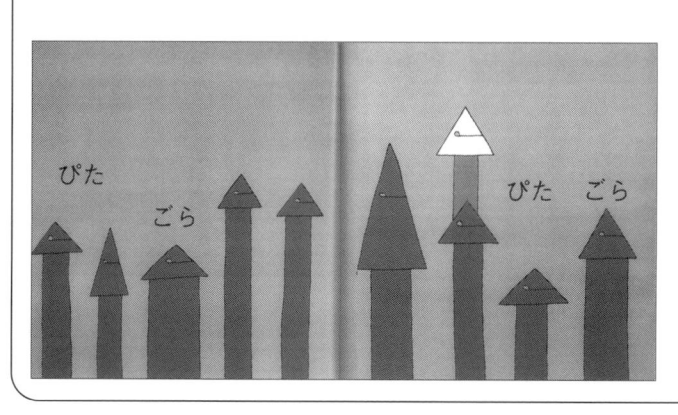

87

第4部 積木と出会うまでⅢ **積木遊びの練習**

　福音館書店より、赤ちゃんのためにと発行されている絵本「0.1.2えほん」のシリーズのなかにも、音の響きとそのリズムをテーマに描かれている作品があります。

『ごぶごぶ　ごぼごぼ』（福音館書店）

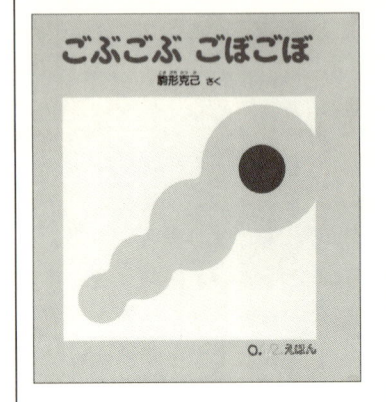

「ぷーん」「ぷくぷく」「ぷぷぷ…」「ごぼごぼ」などの音が、鮮やかな色と丸の動きで描かれています。丸という形と、そこにある空気感が、なんともいえない安心感をもたらすのか、読みながらもゆらゆらゆったり大らかな気分にもなってきます。

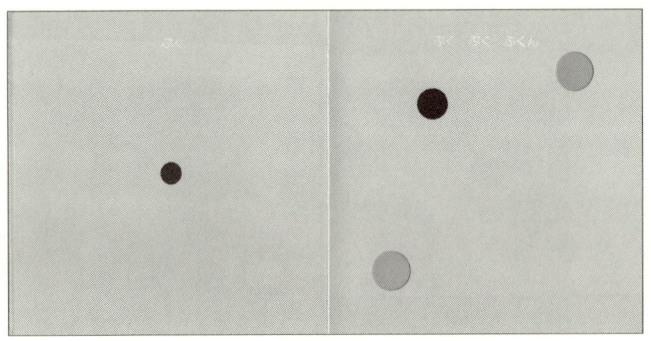

『おーい　おーい』（福音館書店）

　こちらは、これまでにご紹介した作品とは少し趣は異なりますが、同様に音の表現がとてもおもしろいのでここに並べてみました。より具体的な音が出てきます。音から姿をイメージするのとは逆で、実存する"もの"がもつイメージを音に表現したものです。

　男の子の「おーい　おーい」の呼びかけに家のなかのいろいろなものが返事をして集まってくるおはなしで、そのものらしい返事（音）がリズミカルなことばと動きのある絵で描かれていてとても楽しくなります。

うたと積木とおはなしと―遊びと発達

第4部
積木と出会うまでⅢ
―積木遊びの練習―

第3章
【通す】遊び

木も見て森も見よう　　生活と遊び―その関連性―　　【通す】　　「通す」の道具と遊び　　どうぶつたちと…

木を見て森も見よう

　前章にて、"バランスのとれた育ち"について、発達の順次性と遊びという視点からとらえ考えてみましたが、本章では、その幅をもう少し広げ、生活全般におけるひとりひとりの子どもの全体像としてのバランスについて見てみましょう。

　子どもの育ちを思うときの私たち大人の願い、目指すところは、「統合された成長発達」すなわち、運動発達と並んで、集中するという精神力やその結果の達成感、有能感、喜びといった心理的発達、および因果関係のある遊びを通して獲得するさまざまな認識力といった知的発達もともに高まっていくということではないでしょうか。そして、これらは、保育に携わる大人にとっての願いであると同時に、それを、乳児保育の時期から考え、助けていくということが重要な仕事となるのです。

　ひとりの子どもと向き合うとき、その子どもの一側面のみにとらわれず（たとえば、〜しかやらない、できないなどというように）、さまざまな角度から見つめ、その子どもの全体像（森）と細部（木）の双方をとらえる広く柔軟な視野と客観視力を、私達大人は身につけ、常に創意工夫をしていきたいものですね。—『木を見て森を見ず』にならぬように。

生活と遊び―その関連性―

　保育計画の立て方、内容については、各園さまざま独自性を折り込んだものが用意されることと思いますが、一般的に考えられることのなかには、年間計画・期（季）案・月案・週案・日案および日課というように時を軸にして分け、それぞれについて、クラス案・グループ案・個人案といった単位（対称）を軸にした内容を添えていくという方法があげられるでしょう。そして、そのなかで、項目別の計画を立てていきますが、そのひとつの方法として、生活（育児）面と遊び面の二項目に分け、さらにそれぞれについてもいくつかの項目に分け、クラス（グループ）および個人に沿った案を立てるといううことが考えられるでしょう。ここでは、生活（育児）面における成長発達について、遊びとの関連性にも着目しながら分析していきましょう。

　生活（育児）面については、「食事」「睡眠」「排泄」「着脱」「衛生」といった項目に分けられ、特に、いろいろな意味で自立へのすべを獲得し始める乳児期では、これらについて個人に沿った形での計画を立てることが重要になります。こうした生活のさまざまな場面で大人が子どもに施す世話行為とことばがけを総称し"育児行為"と呼びますが、子どもの身辺

自立には、この育児行為とともに遊びのなかで習得するものも大きく関与し、助けになるということを、例もあげながら細かく見ていきます。

各項目における課題をさらに細分化すると、その達成への糸口が見えやすくなります。たとえば「食事」ならば————————

その課題は、栄養的および健康的側面、日課的側面、マナー的側面といった各側面からあげることができます。そして、栄養および健康的要素や日課（その子どもの一日をトータルで見たタイムスケジュールのなかでの食事時間の位置）については、生理的機能の発達も関係してくる課題ですが、マナー面については、習慣的なこと（癖、環境なども含む）に加えて、運動機能の発達が大きく関わってくると考えられます。すなわち、ここで遊びとの関係が見えてくるのです。

たとえば、椅子への腰かけ方（姿勢）や、スプーンの使い方（持ち方）、食器への手の添え方、食べものの口への運び方、食べ方（取り込み方、咀しゃく力）といった課題は、食環境を整える、「〜してごらん」などのことばがけを添えモデルを示す、あるいは介助するなどのいわゆる食事指導的な助けだけでは達成しにくいこともあります。

椅子との関係については、椅子の高さとテーブルの高さのバランスはどうか、またそれがその子どもの体に合っているかということを見直すのと同時に、その子どもの座り方、つまりは全身の運動機能発達のはどうなっているのか——脚腰の安定度は？　背筋力は？　左右のバランスは？　など——を見る必要がありますし、もし、そこで弱さを見つけられたならば、その部分を高めるような粗大運動を遊びのなかで意図的に促すこともできます。

また、スプーンの使い方については、握る、手首を返すなど手指の操作性が、食器への手の添え方については両手の協応動作が、食べものの口への運び方については、目と手の協応動作とそれに伴う肩から腕（手）と首から腰の動きの連動が、というようにそれぞれに手指の運動機能発達が関係していることがわかります。スプーンや器を吟味して選ぶこと（材質、長さ、大きさ、形、重さ、色など）とスプーンの使い方や適切な一口量を知らせることばかがけと介助に加え、機能的にはどこが弱いのか、未発達なのかをその子どもの姿から見極めることで、そこを遊びのなかでも高めることができます。手の動きのなかでも特にここがという部分に焦点を絞って、その微細運動を促すような操作・機能練習遊びを意図的に提供していくのです。

そして、食べ方（食べものの取り込み方・咀しゃく力）については、歯の生え具合いを含めた口のつくりといった生理的機能としての発達段階を考慮した対応（調理形態と大きさ、スプーンの形と大きさ、ことばがけと介助方法など）を考える一方で、口のまわりや顔全体の筋肉を使った動きを促すことも見落としてはなりません。わらべうた遊びでたくさん触れてあげたり、ごろあわせなどことばあそびで口の動きを促したり、表情遊びで顔全体の筋肉を動かすようにしたりなど、こちらも遊びを通しての助けも欠かせません。

食事は、おいしい！　楽しい！　嬉しい！　しあわせ！　心と体の命の源です。課題達成のためとはいえ、食事中の多過ぎることばがけは、そうした感性までをも潰してしまいかねないですものね。同じく楽しく夢中になれる遊びの力も大いに借りることで成長を助けましょう。

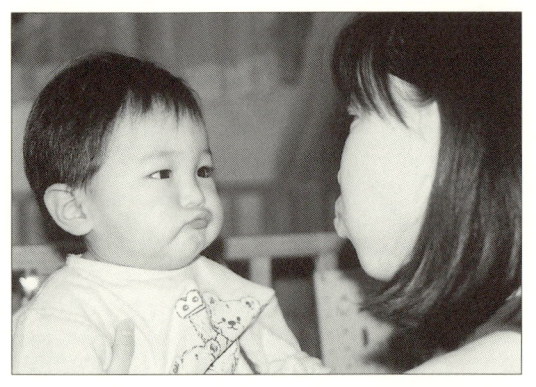

もうひとつ、「着脱」についても見てみましょう―――

大人の手による全面介助を受けていた時期から徐々に子どもの自己行為の幅が広がり始める乳児期、たとえば、ズボンをはくという行為にはどんな課題が含まれているでしょうか。ズボンを持ち穴に足を通した後、ズボンを腰まで引き上げるという一連の動作を細かく分割し、そこにある課題を探ってみます。

座る→ズボンを持ちズボンのはき口を足元へ持っていく→ズボンを持ったままで片足を上げる→ズボンから手を離さずにはき口に片足を入れる→その足を二股に分かれる穴のうち適した穴へと進め、通す→まだズボンを持ったままでもう一方の足をはき口へ入れる→その足を空いている方の穴に通す→両足が穴から抜け出たら、ズボンを持ちながら座位から立位へと姿勢を移す→立ち上がったらズボンを腰まで引き上げる→ズボンの前身頃と後ろ身頃の双方に体を収める――というように、"ズボンをはく"というひとつの行為には何段階もの工程があり、こうして分解してみるとそのひとつひとつに、運動発達・知的発達・心理的発達の各側面からの課題が見えてきますね。それらを分析してみましょう。

はき始めからはき終えるまでの一連の動作からは、座位から立位までの動きがバランスよく柔軟に連動していくという「全身の運動機能発達」における課題が見えてきます。

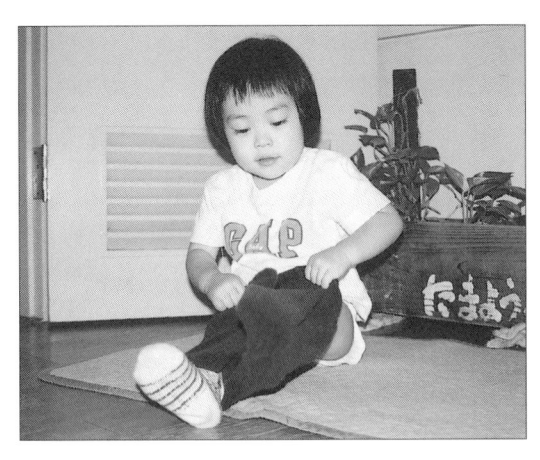

ズボンのはき口を持ったままで足を通すというところでは、「手指の運動（微細運動）と全身運動（粗大運動）の統合」ということがあります。加えて、もしそこに、ボタンやスナップ・ファスナー・マジックテープなどがあれば、それらを操作するということで、さらなる「手指の運動機能発達」が求められます。

　持っているズボンの穴（はき口）に向かって足をもっていくという動きは、「目と手と足の協応動作」になります。

　ズボンの上下・前後・表裏を見極め、正しい方向で自分の体（足元）に当て、ズボンのはき口が輪の状態になるような持ち方をし、ひとつ穴から二股に分かれる各穴へと各足を通すというところでは、ズボンというものの性質を知り、それに自分の体の成り立ちを適応させていくという「知的発達」における課題が詰まっています。

　さらには、"自分でやりたい"という意欲、自立心の芽生えと最後までやり遂げようとする意志、持続力、集中力を伴うというところでは、「心理的発達」の側面が関係してきます。

　こうして考えると、ここでも、育児行為における課題と遊びにおける課題との間に共通項が見えてきます。では、次に、どの部分をどのような遊びで練習、習得していくかということについて、その例を想定し考えてみましょう。着脱行為は、複雑で難度の高い課題の割には、食べずにはいられないという生理的欲求（本能）を強く伴う"食事"と比較すると、地味で地道な作業であり、やや大人に依存的になりがちな行為でもあります。意欲とともに子どもの自己行為を引き出すには、実際の着脱場面でのはたらきかけ方のみにとらわれず、視野を広げてその助け方のすべを見出すということが、食事以上に、大人に要求されるといえるかもしれません。

　たとえば、自分でやりたいという自立心はとても強く、いろいろな物事への理解力の高まりも見られ、全身の動きもよいが、手先の動きが未発達なために衣服の扱いがうまくいか

ず、着脱の度に焦れてしまうという場面には、着脱の仕方を直接的に繰り返し伝えながら介助する一方で、遊びのなかでその子どもの手指の動きのどこが弱いのかを観察し見極め、そこをたくさん使うような遊びを意図的に経験させていくようにしてみてはいかがでしょうか。

また、意欲も理解力もあり、ズボンをしっかり持ち固定させることも、そこへ目を向け足を動かそうとすることもできるのだが、いざ、はこうとして片足を上げた瞬間によろけたり、足は上がるが膝が堅く、膝を腹部に寄せるように曲げることができなかったりなど、柔軟性や平衡感覚、筋力といった全身運動機能に弱さが見られるならば、そこを使うように粗大な動きを伴う遊びを取り入れてみます。

そして、全身・手先ともに動きもよく、気持ちも伴ってはいるが、認識力や注目力が弱いために、ズボンの向き（上下・前後・表裏・穴は左右二股に伸びていくなど）を決めるところでいつも失敗する、あるいはそのことに自らは気づかない、気に留めないという場合や段階であれば、着脱介助場面でその部分を強調したはたらきかけをするとともに、遊びのなかで、"こうすればこうなる"というような因果関係やルールのある遊びにじっくりと取り組むということを通して、記憶力や思考力を高めていくことができるでしょう。

さらに、運動的にも知的にも育ってきてはいるが、自分でやりたいという気持ちが伴わない、あるいは持続しない、やればできるのだがいつもどこか大人に依存的であるというような場合には、心理的側面に何らかの問題があるとも考えられます。この場合では、自我の形成過程はどうなってきているのかということを振り返るとともに、その子どもの生活全般（家庭も含めて）における大人との関係のつくり方、持ち方はどうなのかといった社会化形成の視点煮立った見極めも必要となります。が、それは遊びのなかでも充分に助けていくことができます。"自分がやったんだ"という達成感、有能感を子ども自身が得られるような遊びのおろし方やことばがけを考え、"いつも見ているよ、信じているよ、きっとできるよ"というまなざしで見守り共感していくことが助けとなるでしょう。遊びで得た有能感と情緒の安定は、着脱行為へと向かう意思も強くしてくれるでしょう。

以上、"ズボンをはく"という行為についていくつかのケースを想定し分析してみましたが、これらのことは、ズボン以外の衣服、靴や帽子に至るまで同様のことが言え、また、部分的には、着脱に限らず生活（育児）面全般であてはまることもあると思います。さらには、逆のケースも考えられます。たとえば、微細な動きを要する遊びをあまりしないのでさせてあげたいなと考えたとき、その子どもが食欲旺盛で意欲的に食べることで見落としていたスプーンの持ち方の未熟さにもあらためて気づかされ、そのことから、遊びとともに食事中も、その子どもの手指の動きに注目し助けていくといった具合です。

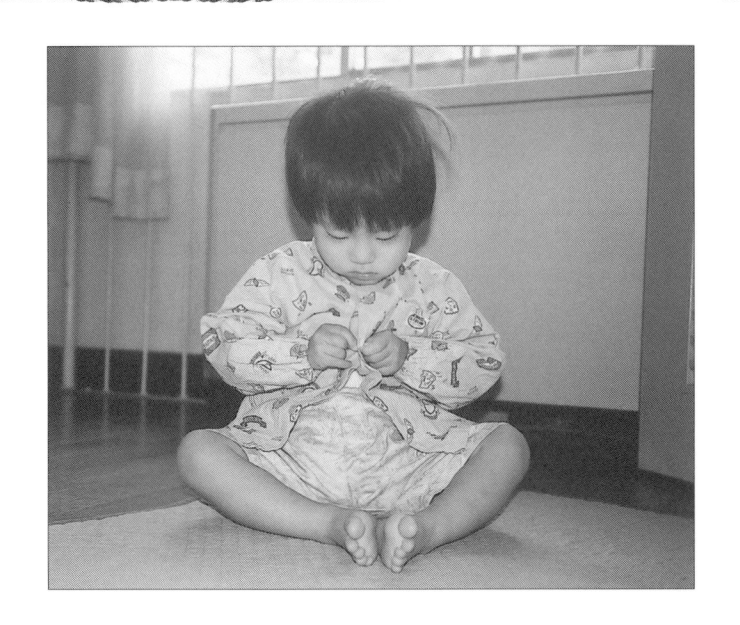

どこかが弱い（未熟な）ためによい部分までもが置いてきぼりになってしまい、その子どものなかでいろいろなことがかみ合っていかなくなり、アンバランスな育ちになっていくというようなことのないよう、得意なことがより活かされるためにも、弱い部分は特に丁寧に助けていくことが必要になるのだと思います。——"木も森も見る（バランスよく）"とはそういった意味のことです。決して、完璧なオールマイティを目指すということではありません——

【通す】

　積木遊びへもつながる微細運動機能を高める手指を使った遊びについて、【布】【入れたり出したり】とみてきましたが、続いて本章では、【通す】というテーマについて考えてみましょう。

　前章にて取り上げた遊び〔入れたり出したり〕にも穴空き容器等の穴にチェーン等を落とす際に、"通す"という行為が見られますが、この共通する課題をさらに一歩深める要素等、この遊びがもつ課題、この遊びを通して育つものについて分析してみましょう。

〈リング状のものに、自分の身体の一部や、棒状や線状のものを通す〉

☆ものの性質を知る
- 通す＝突き抜ける＝"底がない"（リング類の性質）
- 性質の異なる2種類以上の道具の組み合わせを考える。すなわち"通す"という目的のもと、それに適した道具（リング類とそこを通るもの）を推測し、選ぶ。

☆感覚の統合を促す
- 目と手、および足の協応動作を伴う。
- 右手と左手の異なる動きの結合（リングを固定させる手とものを通す手）。

☆大きさの比較
- リング（穴）の大きさと通すものの太さとの適合をはかる（空間知覚を刺激）。

〈"通す ←→ 抜く"〉

― 通す行為と抜く行為とでは、逆方向の力が働く。
　　↓
― 目的に合わせた力の入れ方をコントロールする。

〈日常生活との関連性〉

☆日常生活における「通す」
- 衣服の着脱
  （袖を通す・ズボンをはく・靴下や靴をはく・ボタンのはめはずし等）
- 手さげを腕に下げる。

　　　　　　　　　　　　　主に、もの（穴）と自分自身の身体との適合をはかる

- フックに通園バッグや手拭きタオルを掛ける。
- ベルトを通す。
- 靴紐を通す。

　　　　　　　　　　　　　性質の異なるものaとものbとの適合をはかる

等々、幼児期以上で出会う難しいものも含め、日常生活の中には"通す"という要素を含んだ行為がたくさんあります。

さまざまな遊びを通して学んだものは、日常生活のさまざまな場面でも活かされ、双方は常に複雑に絡み合い、相乗効果を生むのです。

「通す」の道具と遊び

それをねらいとして製作された市販の遊具から、日用品の応用による手づくりのもの、多機能的な遊具の応用等まで、"通す"という遊びを助ける道具とその遊び方（道具の可能性）について、実践例をみながら考えていきましょう。

第4部 積木と出会うまでⅢ 積木遊びの練習

[タワーリング]
- リングに通した自分の手を見つめています。大きさの異なる5つのリングの中から自分の手が通るサイズのリングを見つけたようです。
- タワーに順序正しく通すことがまだ難しい時期にも、こうして、自分の手にはめるなどして遊ぶことができます。

- 自分のからだを知る
- 自分のからだと道具との関係を知る　　（大きさの認知・比較）

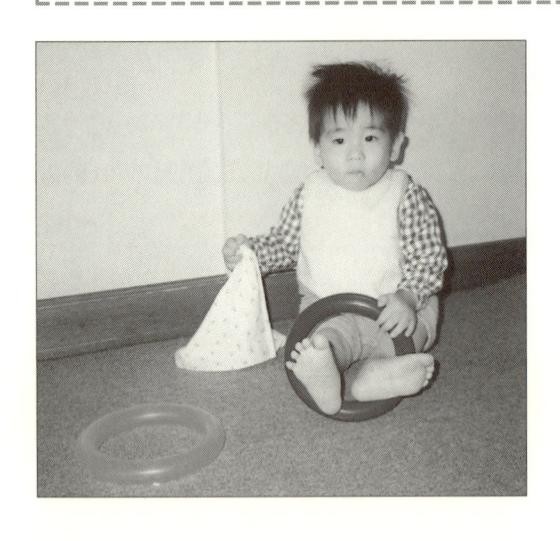

[バトンリング]
- バトンリングに両足を通しています。
- はじめ、片足を通してみたところ、"まだ空いている"と余裕を感じたのでしょうか、もう片方の足も通していました。

　操作性の高い【通す】遊びも、このような"この穴、入るかな？　通してみたい！"という欲求を満たすようなスルリ簡単な行為から始まっているのですね。

第3章【通す】遊び

[テープリング（ガムテープ芯を布でコーティング）] に両足それぞれを通したり抜いたり
- 4～5cmほどの幅のある堅いリングは、かかとを通りにくく、このとき、足首の曲げ伸ばしや手でリングの角度をコントロールする等の操作を伴います。（目と手と足の協応動作）
- 靴の脱ぎ履きの動作にも似ていますね。

[靴下リング（靴下の足首から上の部分の断ち落とし）] を自分の足に通したり抜いたり
- 両手でゴムを左右に引き伸ばすようにしてリングを広げ、その両手を固定させたまま、その穴へ足先をもっていき、通します（目と手と足の協応動作）。
- テープリング同様、かかとの通過、特に抜くときが難しく、写真からも、抜くのに悪戦苦闘している様子がうかがえます。

大人が広げた [布] の上に [バトンリング] をのせておくと…
- リング中央部分の布をつまみ、上に引き上げると…「スルッ!!」
- 布全体がリングを通り抜ける瞬間の楽しさが表情にも現れていますね。

99

第4部　積木と出会うまでⅢ　積木遊びの練習

[透明ホース]（壁面固定）
■透明なことから、チェーンが通り抜けるさまが視覚でとらえられ、筒状のものの性質を知ることができます。
■ホースの口をとらえようと全身を上方へ伸ばし、また、的を得るまでチェーンを持つ手は離しません。
（目と手の協応動作／手指の運動と全身の運動との統合）

[ボトルジャラ（空きペットボトルにペレッタやビーズを入れたもの）]に[靴下リング]を通す
■手元をしっかりと見据えて取り組んでいます。
（目と手の協応動作）

■ボトルジャラの適度な重さによる安定感がリングを通す際に加わる力を受け止め、リングを広げながら通すという難しい操作を助けてくれます。

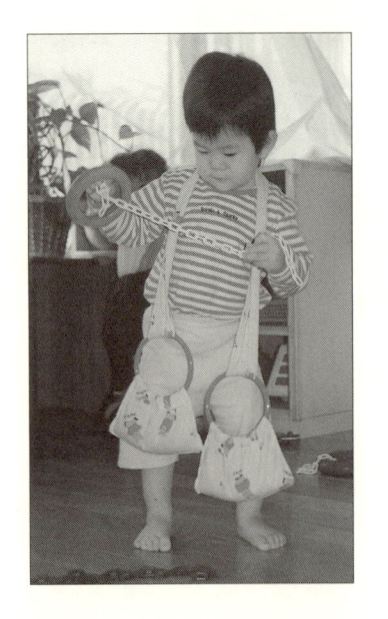

「どちらかの手を離してしまったら、リングは抜け落ちてしまいます」
＊指先に神経を集中させ、チェーンの両端をしっかりと持ち、リングが抜け落ちないように意識している様子がうかがえます。
＊足の指先にも力が入っていることから、平衡感覚をはたらかせて全身のバランスをとりながら操作していることが分かります（肩から下げた「バランス手玉」も平衡感覚を助けています）。

第3章 【通す】遊び

左右に体重移動をさせることで右腕と左腕が交互に上下し、その動きでリングをチェーンに滑らせ、左右に動かす遊び

■このひとつの遊びの中で、「発達の順次性」がより具体的にみえる一場面なので、そのことを下表にまとめてみました。

	左側の女の子	右側の女の子
月齢	1歳児クラスの10月（この時点での月齢） 6月生まれ（2歳4ヵ月）	＊2人の月齢差は9ヵ月 3月生まれ（1歳7ヵ月）
運動発達の面から	◎肩や腕（肘・手首）からは力が抜け、指先だけでチェーンをつまみ、操作しています。 ◎右膝に体重をのせ、左足のかかとは軽く上がり、全身の筋肉に余分な緊張のない滑らかな動きでリングを移動させています（感覚の統合化）。	◎肩から腕全体に力が入り、チェーンの持ち方は掌による握りで、そこにも強い力が入っています。 ◎上体同様、膝は硬く、両足の踏ん張りで全身を支え、チェーンとリングの操作は全身の体重移動によるものよりは、緊張した両腕の上下運動が主となっています。
心理的発達の面から	仲間関係（遊びの形）という視点からみると	
	◎共通の空間と道具と遊びを共有し、視線は右の子へと注がれています。 ↓ 物理的にも精神的にも遊びを他児と共有し、またそのことを楽しんでいる様子がうかがえます（共有遊び）。	◎左の子の模倣から遊びが始まり、空間と道具と遊びの共有は見られますが、視線はリング1点に集中しています。 仲間遊びの入口にはいるが、ひとり遊びの要素が強い段階にいるということが考えられます（模倣遊び・並行遊び）。

♪バッタンバッタン（トナエウタ）♪

2/4 バッタン，バッタン，バッタン サン， オコメハイクツ ツケマシタ？

バッタン，バッタン，バッタン サン， ハタ，ハタ，ナンタン オレマシタ？

＊左右に体重移動するときの時計の振り子のようなテンポによく合う歌です。
＊韻をふんだ響きも耳に心地よく楽しいです。

第4部 積木と出会うまでⅡ **積木遊びの練習**

[ひも通し]
■カラーチェーンよりも軽く（柔らかく）扱いにくい綿ロープも根元を固定してあげることで操作しやすくなり、意欲を刺激します。

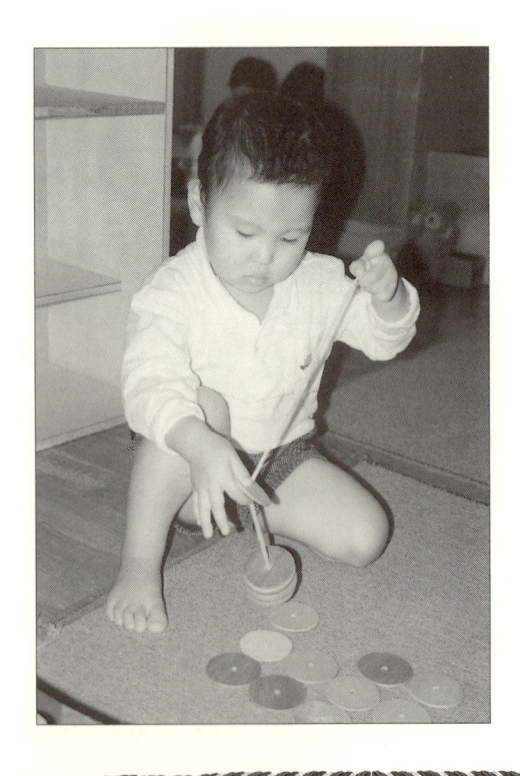

■リングは、「モノブロック」（╬や◉や『や〖のブロックセット）の中から、◉のみを揃えておろしたものです。

[円板] でひも通し
　―より小さな穴に―
■ひもと同等サイズの穴にも通せるようになっていきます。大人にとっての「針の穴と糸」ほどの緻密で高難度な操作かも知れませんね。

第3章【通す】遊び

「市販の通す遊具(ひも通し・棒通し)」

■数あるよい遊具の中からいくつかを、操作課題もふまえながら順を追ってご紹介していきましょう。

[プラステン](ドイツ)

- ■5色(赤・青・黄・緑・白)同型の円板。
- ■各色10枚ずつ計50枚。
- ■ひも通しとして
  厚さが均等で薄いので通し易い。
- ■棒通しとして
  単純に通す／色別に通す／色の順列で通す。
  棒1本に10枚収まる／円板はすべて同サイズ→高さ(枚数)の比較ができる。

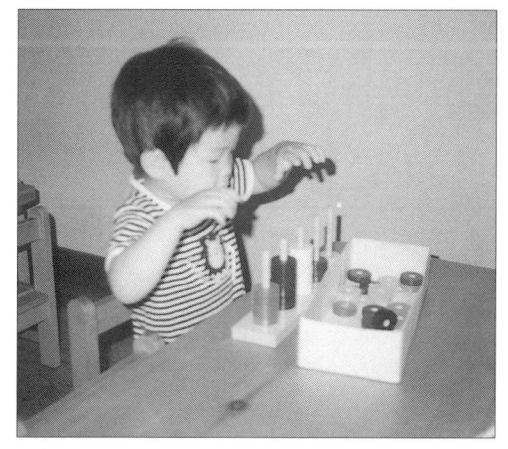

＊色の分類をしながら通しています。

cf. [ジーナビーズ](ドイツ)

[ジャンボビーズ](フランス)

- ■4色(赤・青・黄・緑)7種の立体。
- ■厚みがあるので、難度はやや高い。
- ■木製で、木のぬくもりと掌にしっくりとなじむ重量感が心地よい。
- ■鮮やかな色が色彩感覚を刺激する。

第4部 積木と出会うまでⅢ 積木遊びの練習

[いろいろな図形]
- ■6色（赤・青・黄・緑・橙・茶）
  9種の図形の板（厚さは同等）
  9本の棒
- ■ひも通しとして
  形によっては持ち（支え）にくいものもあるが、厚さは均等で薄いため、通し易い。
- ■棒通しとして
  単純に通す／形別に通す（形の認識）／色別に通す／色の順列で通す

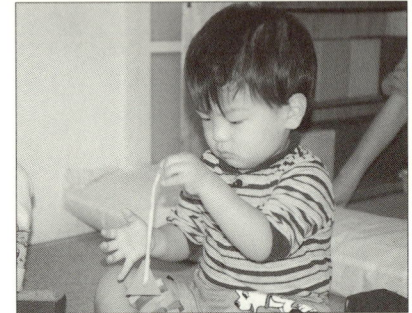

[いろいろな図形] でひも通し
＊6色の中から橙を主に通し、2～3枚おきに青を通しています（色の順列を意識）。

[くまのひも通し]（イギリス）
- ■赤・青・黄・緑・白の5色のチップ各々に5つの穴があいている。
- ■写真のように、5つの穴のうちのひとつに通していく遊び方と一枚のチップの5つの穴を縫うように通していく遊び方が考えられる。

[ポニー]（スイス）
- ■ポニーの色は、赤・青・緑の3色がある。
- ■ひもを通すとまるでポニーの毛並みのよう。"行ったり来たり、表、裏、表、裏……"とポニーも操作しながらのひも通しは難度が高い。また、ひもを抜いて元に戻すことはさらに難しい（ひもの先端が反対側の面のどの輪とつながっているのか、どれを引けば抜けるのか、両面を見ての判断が要求される）。

第3章 【通す】遊び

[ひものデザインボード] (ドイツ)
- 21cm×21cmの穴あきボードとひも4色（赤・青・黄・緑）各2本、ボードの色は白。
- ボードに模様や絵を描くようにひもを通していく。

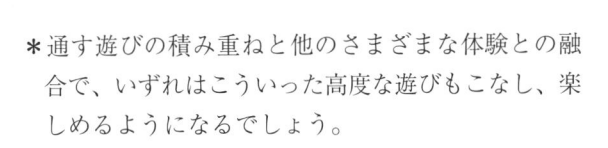

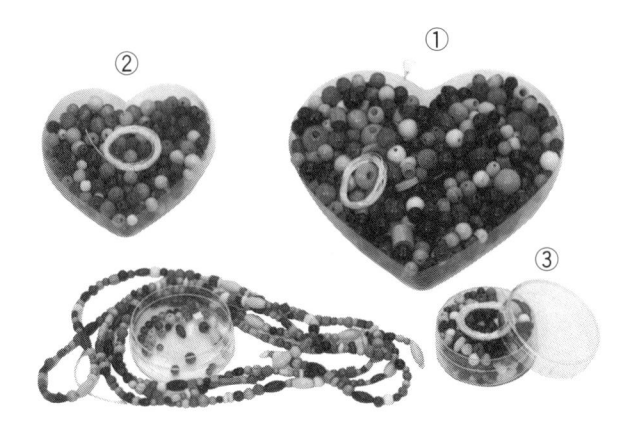

＊通す遊びの積み重ねと他のさまざまな体験との融合で、いずれはこういった高度な遊びもこなし、楽しめるようになるでしょう。

[ミニビーズ] (ドイツ)
- ①～③の順で細かくなっているので、子どもの年齢や発達段階、遊びの段階（経験）に見合ったものを選ぶとよいでしょう。
- 手指の操作性からみても誤飲の危険性を考慮してみても乳児期には不向きですが、大きな穴のリングに自分の手や足を通すことに始まった『通す』遊びが、こんなふうに実っていくと考えるとワクワクしますね。

どうぶつたちと…

　子どもたちは、動物が出てくるうたやおはなしが大好きです。絵本には、動物や虫が登場してくる作品が沢山ありますね。それらは、写実的なもの、イメージ画的なもの、図鑑的なもの、物語的なもの、身近な存在のもの、未知なるもの……などなど、その視点も内容もそれぞれさまざまです。それら絵本のなかの動物の姿に子どもは、そのときどきの成長過程での関心ごとや自分の姿を重ねたり、あるいはまだ見ぬ未知なる生きものへの興味や好奇心、憧れを思いめぐらせたりするのでしょうね。そして、同じ動物でも、絵本を通しさまざまな形で出会うことで、その動物に対する知識としての確かな姿も自由なイメージ像もともに異和感なく自然に自分のなかに取り込められるようになっていくのでしょう。そしてそのことは、やがては、さまざまな事象に対し、現実の世界と空想の世界を上手に豊かに楽しく往き来するようなバランスのとれた頭と心の育ちへもつながっていくことでしょう。また、絵本を通しての動物たちとの出会いは、子どものみならず大人にとっても、親子の愛や生き方など人生観についてまでもシンプルにピュアに考えさせてくれる心温まる機会となるでしょう。

『どうぶつのおやこ』
『どうぶつのおかあさん』
『おかあさんといっしょ』
『もう　おきるかな』
『どうやって　ねるのかな』
『みんな　おっぱいのんでたよ』
『どうぶつのこどもたち』
（7冊ともに福音館書店）

　それぞれ、動物の姿が写実的に描かれています。いろいろな場面での親子の様子や子どもたちの様子が、動物によって異なる習性や特徴とともに描かれています。

　描かれている動物たちは、その色使いや表情描写から毛並み、筋肉に至るまでとてもリアルで、真の姿をシンプルに確かに伝える作者の姿勢や思いが動物たちの温もりとともに伝わってきます。

　『どうぶつのおやこ』『どうぶつのおかあさん』『おかあさんといっしょ』には、いろいろな動物の親子の様子が描かれており、動物と人間、その姿もくらし方も違うけれど、親子の間に通い合う愛情の深さは同じなのだ

なあと温かい気持ちにさせられます。
　子どもたちは、大好きなおかあさんやおとうさんと自分の姿を、それぞれの動物の姿と重ね合わせていき、いろいろなことを感じとっていきます。絵本に書かれている文通りに読んであげるのももちろんですが、そのときどきの子どものことばや思いを拾いあげ、ことばに換えてあげるのも、子どもと会話をしながらページを進めるのもよいでしょう。子どもと一緒に絵をじっくりと見、語り合うほのぼのとしたひとときをお過ごし下さい。

作者のことばより（福音館書店・月刊予約絵本「年少版・こどものとも」73号折り込みふろくより引用）
「動物のおかあさん」藪内正幸
　春は動物たちの出産シーズンです。自然の中で、あるいは動物園の中で、いろいろな動物の赤チャンが誕生します。いろんな動物の親子をみていると、いつまでたっても、みあきることがありません。動物——今は、哺乳類に限っての話しにしますが——その動物のくらし方は、千差万別です。しかし、赤ン坊が誕生し、育児に大忙しの彼らには、共通した何か——親子の愛情——というものが感じられます。人間の目からみると、本当に抱きしめたくなるような愛らしい赤ン坊もいれば、"なんじゃ、こりゃ"と思わず失言してしまうほど、器量の悪い赤ン坊もいます。けれども、それぞれの赤ン坊の親にすれば、かけがえのない宝物でしょう。

親子の愛情の表現にも、我々の目からみれば、器用な動物もいれば、無器用な動物もいます。人間の目にいかにうつろうとも、その親子にとってみれば、十分に情が通いあっていることでしょう。

多くの哺乳類は、生まれた時には、目もみえず、赤ン坊赤ン坊しています。ネズミなどのように、毛がなく、文字通り赤ハダカで生まれてくるものもいます。カンガルーは、未熟児の状態で生まれてきて、しかも、自力で母親の袋の中まではいってゆかねばなりません。極端なのは、カモノハシやハリモグラのように、哺乳類でありながら、卵で生まれてくるものもいます。それとは反対に、草食獣の多くでは、生まれて数時間後には、自分で立ち上がり、歩いたり走ったりできなくてはなりません。そのために、いささか、オマセな感じがします。

哺乳類では、ほとんどの種類の父親は、子育てには参加しません（もちろん例外はありますが…）。みごもった時から、出産、育児、教育という役は、母親におわされているのです。我々の中にも、そういう父親は多いし、かわいがるところだけは参加して、面倒くさいことがおきると、"ちょっと、カーサーン"と逃げる人もいます。しかし、人間とちがって、動物の場合は、自然がそういうふうに与えた"やり方"なのですから、いたしかたありません。

ですから、"動物の親子"をテーマにした絵本を作るとなると、どうしても、画面から、父親の姿が消えてしまうことになるのです。

ほとんどの哺乳類の子は、"おかあさんといっしょ"なのです。

『もう おきるかな』『どうやって ねるのかな』『みんな おっぱいのんでたよ』には、"眠る""食べる"という生きもの皆に共通した生活が描かれています。

子どもは、眠りの心地よさへの共感を覚えたり、それぞれの動物の習性を発見したり、時には、絵を見ながらその格好の真似をして楽しんだりすることでしょう。

哺乳類の食べる姿とおっぱいを飲んでいる姿とを対比させるように描かれている『みんな おっぱいのんでたよ』では、子どもは、自分もそうしてきたんだということを知らされることでしょう。また、妹や弟の誕生で目の当たりにするおかあさんと赤ちゃんの姿から覚えるさまざまな感情の波を穏

やかにしてくれることもあるでしょう。時には、赤ちゃんを可愛いと思う愛情がわいてきたり、自分が大きくなったことへの喜びや誇りに満ちあふれたり、時には、おかあさんをひとり占めされることへの嫉妬心や自分も赤ちゃんに返って甘えたいという思いをさまざまな形で示したりなど、自立へ向かう頃の微妙な心のあやに、動物たちの姿が優しく溶け込み、絡んだ心をスーッとほどいてくれることでしょう。

『どうぶつのこどもたち』では、いろいろな動物の子どもたちの遊ぶ姿が描かれています。その様子からは、愛らしさとともに、それぞれの動物の特徴的な動きや姿もうかがえ、そこに"遊びは学習"という人間の子どもとの共通点が見えてきます。

作者のことばより （福音館書店・月刊予約絵本「年少版・こどものとも」60号折り込みふろくより引用）

「動物の子どものあそび」小森厚

—前略—

　子どもたちの動作は、すべてあそびであって、そのあそびが、大きくなってからの、その動物たちの体の動きの、練習になっているのです。ライオンの子どもが、親のしっぽにじゃれつくのは、大きくなって、獲物をとらえるときの訓練になります。クマが、子どもどうしすもうをとるのも、大きくなって、雄どうし争うときの練習になっているのです。キリンの子が、子どもどうしでかけっこするのも、やがて、ライオンの獲物にならないよう、走って逃げるのに役立つ日があるでしょう。

—中略—

　あそびの好きな動物は、だいたい、頭のよい動物が多いようです。あそびというのは、自分のまわりの世界を、より大きくひろげてくれるものなのです。動物の子どもたちも、あそびまわっているうちに、世界がひろがっていって、おとなになってゆくのでしょう。

『こんにちは　どうぶつたち』（福音館書店）

　『こんにちは　どうぶつたち』は、どのページを開いても、アップになった動物の顔が登場。動物園に行ったって、こんなに近づいて見ることはできません。"○○の顔ってこんななんだ"と、子どもも大人もともに、その表情に思わず吸い寄せられていく迫力が魅力の楽しい写真絵本です。

　子どもにとって、顔は、その人を最も象徴するもの、部分となるようで、人の顔への関心がひときわ高い時期があります。たとえば、大人と面と向かっているとき、大人の顔のホクロやニキビや荒れなど、ちょっとした肌の変化や特徴を発見しては、その度、「これなぁに？」「痛いの？」と不思議そうに、心配そうに尋ねてくることがあります。聞かれた大人は思わず苦笑してしまいますが、まじまじと見つめる子どもの目は真剣そのものです。きっと、この絵本からも、開く度にいろいろな発見をすることでしょうね。

第3章 【通す】遊び

『どうすればいいのかな？』（福音館書店）

　こぐまを主人公に、生活の一端である"着脱行為"が楽しく描かれています。こぐまが、間違った着方をするところでは、「ちがうねぇ」「へんだよねぇ」などと、実は、自分もまだうまく脱いだり着たりができない頃の子どもも大喜び。こぐまの姿を通して自分の日常が手にとるようにそこにあり、思わず笑ってしまったり、なんとも言えず楽しいのでしょうね。

『かばくん』（福音館書店）

　動物園のかばの一日が、かば、かめ、人間、それぞれの目線を絡めながら、簡潔なことばと、色・タッチともに優しく美しい絵で描かれています。

　この絵本のなかの温和でのんびりとしたイメージをもつかばの姿に、小さな子どもも安心感を抱くのかもしれませんね。子どもたちが大好きな絵本のひとつです。

第4部 積木と出会うまでⅢ 積木遊びの練習

『ありの あちち』(福音館書店)

アリは、子どもが最初に出会い関心をもつ人以外の生きもののひとつでしょう。そんな身近で小さなアリが、主人公「あちち」になって台所へ…。その好奇心旺盛でこわいもの知らずな姿は、まるで、探索行動が盛んになり始める1歳前後頃の子どものよう。"次は…、次は…？"と「雨後の竹の子」の如く芽生えくる好奇心、冒険心をもくすぐってくれそうです。

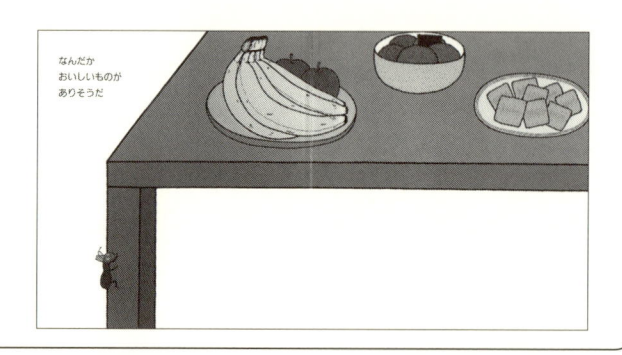

『はっぱのおうち』(福音館書店)

靴をはいてしっかりと、ある程度の距離を歩けるようになると、お散歩の機会も増え、そこで、いろいろなものと出会うようにもなります。アリやダンゴムシやチョウチョ、それよりも手強い(!?)虫にも出会います。また、日だまりや風、雨などさまざまな自然現象とも出会います。そんなとき、子どもたちは、この絵本の主人公「さち」のように小さな虫たちと会話し、心通わせるのでしょうね。

第3章【通す】遊び

『とべ　かぶとむし』(福音館書店)

　誰もが一度はその姿に憧れるであろう昆虫「カブトムシ」。そのカブトムシが木の枝を登り、先客のカナブンとスズメバチも追いやる存在感で木の蜜を吸い、さらに上へと進み……。飛びたつ直前の息をのむ感じと飛びたった瞬間の解放感。そんな悠々としたカブトムシの勇姿が、リアル、かつシンプルに色も鮮やかに描かれています。

第4部

積木と出会うまでⅢ
―積木遊びの練習―

第4章
【集める】遊び

【集める】　「集める」から〔分ける〕へ　「食」は文化

【集める】

　これまでにいくつかご紹介したいろいろな遊びと並んでもうひとつ、この時期（1歳後半頃からでしょうか…）の子どもたちが盛んにする遊びが『集める』遊びです。とにかくただひたすら集めるのです。洗面器やバケツ、箱、手さげ袋などといった入れ物となるものに、布やカラーチェーン、リング、お手玉等の細々としたものを次々と集め入れるのです。時には保育室の遊具棚が空になるほどにです。

　この、かまわず入れていくという行為は、先に挙げた、穴に合わせて入れる、入れ物と入れるものとの関係（ものの性質、容量の認識等）を知る『入れたり出したり』よりも、一見、退行した遊びにも見てとれます。何しろ、〈入れたり出したり〉ではなく、言うなれば、〈入れたり入れたり入れたまま〉なのですから。ですが、実は、この〈いれたまま〉に発達上、大切な意味が隠されているのです。それを探ってみましょう。

　まず、『集める』遊びを、〈手指の運動発達〉という側面から見てみると、広口で大きな入れ物に掌一杯につかんでは次々と入れていくという行為は、定められた的を目掛け、指先にまで神経を行きわたらせて、ひとつひとつ慎重に入れる『入れたり出したり』と比較しても、確かにおおざっぱで操作性としては低いと言えるでしょう。

　では、〈知的・心理的発達〉の側面から見るとどうでしょう。ここに、〈入らなくなるまで入れたい⟷空になるまで出したい〉という欲求から起こる探索行動に始まった『入れたり出したり』よりもひとつ先の欲求、育ちが見えてくると考えます。

　その心理的発達を示すキーワードは、先述の「入れたまま」です。

　——ひたすら集めたらそれを使わず保持している。集めきったところで遊びは一旦終結、集める行為そのものが目的であり遊びとなっている——。

　この「集めたまま」という状態は、すなわち〈所有感〉のあらわれです。自分のものとしておきたいという〈独占欲〉です。また、大人に提供されたものではなく、自らが探し、選択し、獲得してきたものの集まり、つまりは〈自己の有能感〉の象徴でもあるのです。入れ物を満杯にするのと一緒に自分自身の心も満たしているのでしょう。ですから、集めきった状態がいわば自分自身であり、自分の心を形にしたひとつの自己表現とも言えるのではないでしょうか。

　そして、ただ保持するということは、そ

ういった自分自身の証の確認であり、自己認識へとつながっていくと考えられるのではないでしょうか。

　ですから、この段階での子どもにとっては、入れたままでいることが最高の充足感であり、安心感なのです。

　大人は、そこを理解し認め、進歩的なことばがけと遊びの計画をもって、次の段階へと導いてあげましょう。間違っても、いきなり取り上げて「ひとりでこんなに持っていたらみんなが使えないでしょう！　使わないんだったらちょうだい！」などという捨て台詞のようなことばを吐いて持っていくというようなことはないように願いたいものです。

　ですが、ほとんどの遊具をひとり占めされて困るのは、集団においての現実問題です。その対策として、ひとつは道具（遊具）を豊富に用意してあげること、もうひとつは、集めることが盛んな時期には、大容量の入れ物を控えることがあげられます。各園、子どもの様子や空間に見合った工夫をするとよいでしょう。

　それでも予想される細かい道具の散乱、それらの片付けや整理整頓を思うと頭が痛く、大人にとってはしんどい時期でもありますが、子どもも大きくなりたいと日々懸命なのですから、大人も少々、忍耐と根気、頑張りをきかせ、それに応えましょう。互いに実る日はきっと訪れます。

「集める」から〔分ける〕へ

　個人差もありますが、この「集める」遊びはしばらく続くでしょう。しかし、いくら成長発達上、大切な過程とはいえ、そこで停滞したままでは先へと進めません。かといって集めないようにと抑制するのは逆効果、成長過程で芽生えた欲求は、一度満たされ納得しなければ次へとは向かえないからです。十分に堪能し、自分のものとしてこそ、前向きに次段階へと目を向けられるのです。

　ですから、集めたものをいかに気持ちよく（強制され、泣く泣くではなく）自らの意思で放出させていくか、ものと一緒に満たした心を、次なる世界へと旅立たせ、新たな喜びに出会わせてあげるかが、大人の手腕の見せ所です。

　たとえば、買って来たものは、帰宅後必ず袋から出す〈買い物〉をテーマに持って、遊びをリードするのもよいでしょう。大人自身も手さげ袋一杯にものを入れ、ひとつひとつ出して見せるのです。

　「今日はいっぱい買ったね。ほら、こんなに！　嬉しいね。何と何、買ったんだっけな…ちょっと出してみようかな…」など、期待感をくすぐる展開で、たとえば、「お芋でしょ、

第4部 積木と出会うまでⅢ **積木遊びの練習**

　それから〇〇ちゃんの大好きなりんごでしょ。あとこれは今夜のお夕飯のうどんでしょ。そうそう、おとうさんに頼まれていた眼鏡、修理から戻って来たのよね…」といった具合に、その子どもにとっての身近なものや事柄に言及しながら、多種類の遊具が混ざり合い入っている手さげ袋から、それら一種ごと、何かに見立て、種類別に出していくのです。

　言語的な刺激にも敏感になってくる時期なので、聞き慣れた熟知したことばと、そこにちょっと難しく新鮮な響きのことばも折り込んでいくと、注目度はさらに高まります（もちろん、個々の発達、理解度に見合った段階でのことばを選びます）。

　こうして、意味づけをしながら出していくことで、闇雲に集めてきたものは何だったのか、つまりは、自分の行為の経過と結果を振り返ることにもなっていくのです。そして、大人が分類しながら出していく姿を見て、十把一絡げにとらえていたものを個別に見る視点や、ある基準をもって分類することのおもしろさに気づいていくのです。

　この『分ける』という行為は、高まりつつある知的欲求を刺激し、また何らかの主張、自我は芽生えたものの、道具同様、溢れるがいろいろに混ざり合い、自らでも整理のつきにくい思い（心理的発達）を助けてくれる遊びではないでしょうか。

　こうして、『集める⟷分ける』を繰り返すうちに、次には個々の好きなものが出てきます。いわゆる〈こだわり〉です。たとえば、青色のものばかりを集める、使う、そしてそれは決して譲れない、まるで保育室にある青色のものはすべて共有のものではなく、私物だと言わんばかりに主張する、といったことが起こります。これもまた、大人を悩ませる現象ではありますが、ものへ投影した自己主張の表れでもあるので、同様に受容し、上手に乗り越えさせてあげましょう。逆に、この時期、こだわりがまったく無い、何でもいいということはすなわち、自分というものがなかなか見つけられないでいる状態とも考えられるので、好きなものがあるのは喜ばしいことととらえ、対応していきたいものですね。

「食」は文化

　「食」には、五感をバランスよく刺激する素敵な魔力があります。

　たべものの色・艶・形は視覚を、その匂いは嗅覚を、調理時や口にしたときの音は聴覚を、手にしたときの感触は触覚を、その味は味覚をという具合に、たべものというひとつのものが五感すべてをゆさぶるのです。そして、そこには、これらを共有した家族や友だち、大好きな人たち、身近な人たちの姿が常に存在し「食」は、からだづくりとともに心を育てる大切な文化となるのです。子どもたちの感性に呼びかけ、ぜひ、伝え残していきたい文化です。

　進みゆく国際化とともに、今日では、日本食はもちろんのこと、日本に居ながらにしていろいろな国の料理を目にしたり食したりできるようになり、また、それらは、さまざまな技術の進歩やアイディアにより、インスタント食品に姿を変えたり、テイクアウト可能になるなど、何でも有りの形で手に入るような便利さいっぱいの世の中になっています。そう考えると、確かに日本の食文化は豊かになったと言えるでしょう。ですが、そうした文明の進化の恩恵にあやかりながらも、その一方で、果たして本当に豊かになったのであろうか、本当に豊かさは何だろうか、どこにあるのだろうかと考えることもあります。豊かさを追求し続けてきた時の経過の中で、その分、失ってきたものもあるのではないかと考えてしまうのです。そして、そこにこそ、本来「食」がもつ真の豊かさ、深さ、根本が隠されているのではないかと思うのです。"手間いらず"と"真の豊かさ"の両方を求めるのはとても欲張りで矛盾することなのかもしれませんが、忘れてはならない大事なことは、いつも心の隅においておきたいものです。

　食を語ることばのなかに、『海の幸、山の幸』という表現がありますが、私たちにとって"たべもの"として登場してくるものは皆、以前、生命(いのち)あるものであったということは何より忘れたくないことです。食前の挨拶「いただきます」ということばは、もともと、『あなたの命を私の命に換えさせていただきます』というところからきたのだという話を以前、聞いたことがあり、一瞬ドキッとする表現ではありましたが、考えてみれば確かにその通りだと思いました。空腹のため失った元気も、食べることで取り戻し、次の活動へのパワーを再びみなぎらせることができるのですから、確かにたべものはそれを食べた人の命に換わっているのです。体をつくってくれているのです。自然の恵み、その命に心から感謝し、無駄にすることなくありがたく食し、自身の命として甦らせていきたいものですね。

　また、いろいろなたべものが出来上がった状態で手に入り、即、食卓に出せるという便利さは、家庭の台所から音や匂いを消してしまっているということにも心を留めたいです。料理には音があり、匂いがあります。調理過程で形を変えていく食材の姿、目に映るものがあ

ります。"ちょっと味見"の味があります。触って感じるものがあります。料理には、耳で鼻で目で舌で肌で感じるものがいっぱい詰まっています。料理には、理論や学説も超えた自身の感性で決断する瞬間があります。結果、成功もあれば失敗もある、その積み重ねが経験となり、経験することでしか得られない勘が味を決めるというところもあるのです。文字通り、その人の"味"がそこに生まれるのです。出来上がったものだけとのつき合いでは得られない心の体験が料理、すなわち"つくる"にはあるのです。時間も手間もかかるけど、確かに面倒で大変ではあるけれど、だからこそ楽しい料理、成長の過程で、何らかの形で出会わせてあげたい体験です。絵本の読み聞かせがイコール言語教育ではないように、料理人に育てるか否かということではなく、料理や食べもので育つ心も忘れたくないものです。

──「トントントントン…」「グツグツグツ…」、音と匂いに誘われて、気づけば台所に入り浸り。「すごいなぁ、上手だなぁ、おもしろそうだなぁ、やってみたいなぁ…。」その先は、手伝いなのか邪魔なのか、わからないけど仲間入り。手も服も顔も床もそこらじゅう汚して、それでも表情だけは一人前！　名シェフの如くご満悦…

> ネチョネチョ　ペタペタ　パーンパンのハンバーグ
>
> サラサラ小麦粉　ヌルヌル卵　ザラザラパン粉で　油にジュッ！
> ジョワジョワジョワッ　ピリピリッ　ピチピチッ
> 音が上がって　フライも揚がって　一丁上がり！
> こんがり　アツアツ　キツネ色
> サクッと揚げたて　シャキシャキキャベツと召し上がれ

一緒につくって一緒に食べて、だからおいしくて、ますますとびっきりの笑顔に──
　そんな、家庭でしか味わえない「食」体験、便利過ぎる現代《いま》だからこそ見直したいものですね。

　おはなしの世界にも、たべものや料理がテーマになっているものがたくさんあります。文明の進化や社会の発展の一方で、家庭から料理や食卓が姿を消しつつある今日、「食」がもつシンプルさと豊かさ深さ、楽しさを思い起こさせてくれ、思わずお腹が減る詩や絵本を、数あるなかよりいくつかご紹介しましょう。実際の料理参加はなかなか難しい乳児期の子どもの感性にも呼びかけ、イメージ力を高めてくれる作品もいっぱいです。

『くだもの』(福音館書店)

　実物さながらの色とタッチで、大好きなくだものが、食卓に出てくるときや口にするときの形と、それ以前の形とに対比させるように描かれています。

　「おいしそう！」と思わず唾をのみこむような心の動きを誘うとともに、「○○ってもとはこういう姿なのか」というように知識をもくすぐる作品です。

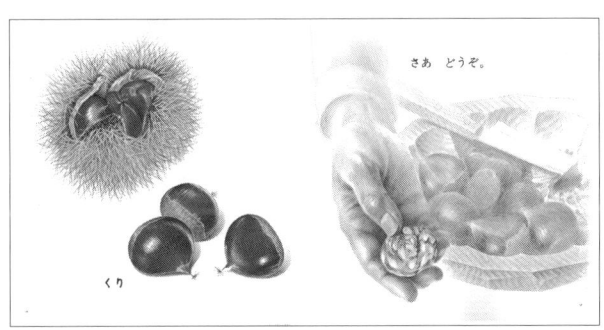

　特に、小さいときほど、あらかじめ食べやすい大きさや形に切り分けられた状態で食卓に出される機会が多いので、この絵本での丸ごとの出会いは、実際の体験と合わせ、イメージをふくらませてくれることでしょう。

『やさい』(福音館書店)

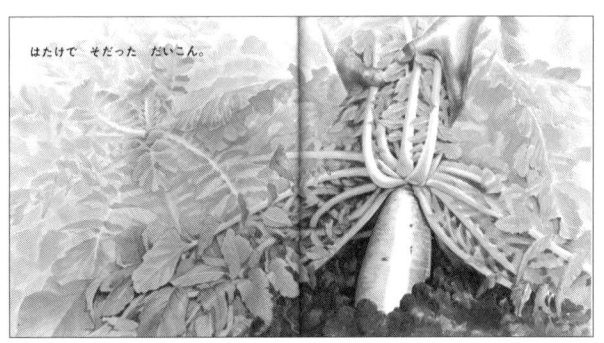

　『くだもの』よりもさらに一歩堀りさげ、野菜の生育にも触れられています。スーパーマーケットや八百屋に並ぶ、当たり前のようにピカピカな野菜が、どんなところのどんな状態からやってきたのかを垣間見ることができます。やがて体験するであろう芋掘りや栽培活動にもつながっていくことでしょう。

　『くだもの』同様、写実的な描写が魅力的で、土の匂いや青臭さを思い起こさせ、野菜のもつ甘さにまでイメージが広がります。さて、どんなお料理に仕上げましょうか？

第4部 積木と出会うまでⅡ 積木遊びの練習

『おにぎり』(福音館書店)

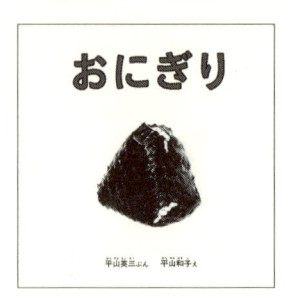

　一目瞭然、始まりから終わりまで"おにぎり"の魅力満載です。
　炊きたてごはんの匂いとアツアツふっくらツブツブごはんの感触、見ただけで口の中が酸っぱくなる梅干しに、ほのかに漂う磯の香りはピカピカの海苔——そしてそれを握り上げる手、それはいつも自分の手を温かく優しくしっかりと握ってくれる大きな手。何ものにも変え難い安心と頼りになる手。そんな大好きな手がリズミカルにおにぎりを握っていくさまは見ているだけでうっとり、食べればもっとしあわせ。握る人の手の数だけ形があるおにぎり、同じ人が握ってもその度に微妙にその表情を変えるおにぎり。だからこそその温もりがお腹も心も満たしてくれる——今ではおにぎりもお店で買えるけれど、やっぱり、目の前で炊きたてのごはんから始まるおにぎりは格別！　最高だなと、心までがふっくらほかほかしてくる絵本です。

『たべもの』(福音館書店)

　食感を中心に、それぞれのたべものを音で表現した作品。"作者もきっと食いしん坊なのだろうなぁ…"と勝手に共感しつつ、何度読んでも飽きない絵本です。
　たべものにはつきものでもある音、それぞれの食材やお料理がもつ音や食感が、身近なたべものをモデルに色鮮やかな楽しい絵とともに描かれています。
　的確な擬態語や擬声語で構成されることば（文）は、とてもリズミカルで耳に心地よく、想像力をくすぐるだけでなく、唇や舌の動きを多彩に誘発し、ことばの芽生える時期の発語も促してくれることでしょう。
　大人の皆さん、ぜひ、声を出して読んでみて下さい！　きっと食べたくまりますよ。

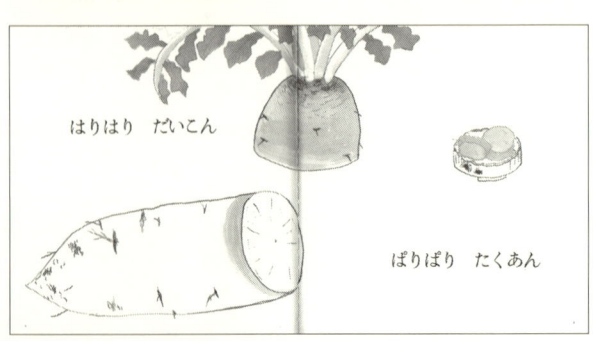

第4章【集める】遊び

『きょうのおべんとうなんだろな』(福音館書店)

　食事はなにも家の中だけでとるものではありません。外で食べるおべんとうはまた格別な味！　そして、そのおいしさもさることながら、おべんとうの楽しさは、まさしく、"きょうのおべんとうなんだろな"と開けるまでのワクワク感にあるのではないでしょうか——野原で遊んだ動物たちも、それぞれ自分のおべんとうを楽しみにしながら開いていきます。みんな自分の大好きなものが入っていて嬉しそう——。

　そして、おべんとう作りやおでかけをテーマにした遊びは、1～2歳の子どもも大好きです。布で何かをくるんでは「何が入っているかな？」と開いたり、手さげ袋やかごにものを集め入れたり取り出したり分けたり、「おいしい！」と食べる真似をしてはまた詰めたり……遊びながら子どもは、くまさんのおべんとうを思ったり、ぞうさんのバナナ20本‼に憧れていたりするのかもしれませんね。

『ぐりとぐら』(福音館書店)

——このよでいちばんすきなのは
　　おりょうりすること　たべること
　　　ぐり　ぐら　ぐり　ぐら——
　"カステラってそうやってつくるんだ、つくれるんだ、つくってみたい！　あんなに大きな卵、みつけてみたい‼"

　主人公、野ねずみのぐりとぐらへの愛着はもちろん、自分たちでつくってみんなで食べるおいしさ、楽しさ、お料理への夢も広げてくれる一冊、子どもも大人も大好きな絵本です。

> 『てんぷら ぴりぴり』 まど・みちお
>
> ほら おかあさんが ことしも また
> てんぷら ぴりぴり あげだした
>
> みんなが まってた シソの実の
> てんぷら ぴりぴり あげだした
>
> ツクツクホウシが けさ ないたら
> もう すぐ ぴりぴり あげだした
>
> 子どもの ときに おばあさんから
> ならった とおりに あげだした
>
> 秋の においの シソの実の
> 小さな かわいい つぶつぶの
> てんぷら ぴりぴり あげだした

～子ども図書館『てんぷら ぴりぴり』
まど・みちお（大日本図書）より～

　この詩を、頭ではなく五感で楽しめるような人に育ってほしい――音、味の記憶とともに思い浮かぶ情景、カレンダーも時計も要らない季節感、油温計もキッチンタイマーもレシピも要らない伝承の尊さ、ありがたさ、おかあさんとみんな、家族がいる温かさ、喜び……そんなノスタルジックかつみずみずしさを優しくいきいきと心に思い描ける人になってほしい。そして、そう伝えていける大人でありたい――「しあわせってこういうことなんだなぁ……」ときっと思えるから。

うたと積木とおはなしと—遊びと発達

第4部
積木と出会うまでⅢ
—積木遊びの練習—

第5章
【並べる】遊び

【並べる】　「並べる」の道具　「並べる」遊びとわらべうた・ごろあわせ　「並べる」遊び　つーながれ

【並べる】

　集める→分けると進むと、次にその分類されたものをどうしましょう。やはり、並べてみたくなるでしょう。たとえば、お手玉だけを選び並べる、いろは積木（平積木）だけを並べる〜同じもの、同じ形、同じサイズのものを、隣へ隣へと繰り返し置いていく〜ここでいう『並べる』におけるキーワードは、「同じ」と「繰り返し」です。

　このことを、まず〈心理的発達〉の側面から見てみましょう。
　単調で短く、かつリズミカルな同じ行為の繰り返しは、子どもの心理を安定させ、安心感と満足感を与えるのです。また、並べ終えた時、「同じ」の「繰り返し」が自己行為の足跡として明らかになり、有能感を得ることができます。

　次に、〈知的発達〉の側面から見てみましょう。
　同じものだけを並べる行為には、〈同一視〉という認識が育っていることも伺えます。これとこれは同じ。あれとあれも同じ。でも、これとあれは違う〜たとえば、お手玉という点では同じでも丸型と俵型とでは違う〜といったことも含め、同一視という認識の安定のためにも、大人が並べて見せる際は、あえて同じものを使う方がよいでしょう。

　また、「同じ」と「繰り返し」は、〈数的知覚〉に大きくはたらきかけます。定規を思い浮かべて下さい。同幅で目盛りが刻んであるからこそ、物差しとして成り立つのですよね。つまり、同じものを並べるからこそ、子どもは距離感や数量感を知り得ることができるのです。
　たとえば、a＝ここにはこんなに並べられたけれど、b＝こっちだとこれしか並べられない、ということに気づくことから、aとbの長さの違い、使った遊具の数の違い〜長い⟷短い／多い⟷少ない〜という数的知覚が刺激され、繰り返し遊ぶことで認識されていくのです。

　最後に、〈手指の運動発達〉の側面から見てみましょう。
　これまでのさまざまな操作・機能練習遊びを通して培った手指の器用性（肩から腕・手首・掌・指へと進んだ感覚分化）は、秩序正しく並べたいという心理的・知的欲求を実現すべきところへと高まってきているはずです。先述の〈感覚の統合〉です。

第5章 【並べる】遊び

　『並べる』は、手指の器用性のさらなる高まりを促します。ひとつ前に置いたものにぴったり合わせて次を置き、離すという動きは、この時期の子どもにとっては難しい技です。ですが、同じものを繰り返し操作することで、その難技も習得することができ、有能感が得られるのです。

　頭も心も体もフルににはたらかせる遊び『並べる』～同じことの反復による安心感と困難を極める有能感・達成感（緩急の共存）～さぁ、いよいよ積木の姿が少し見えてきました。

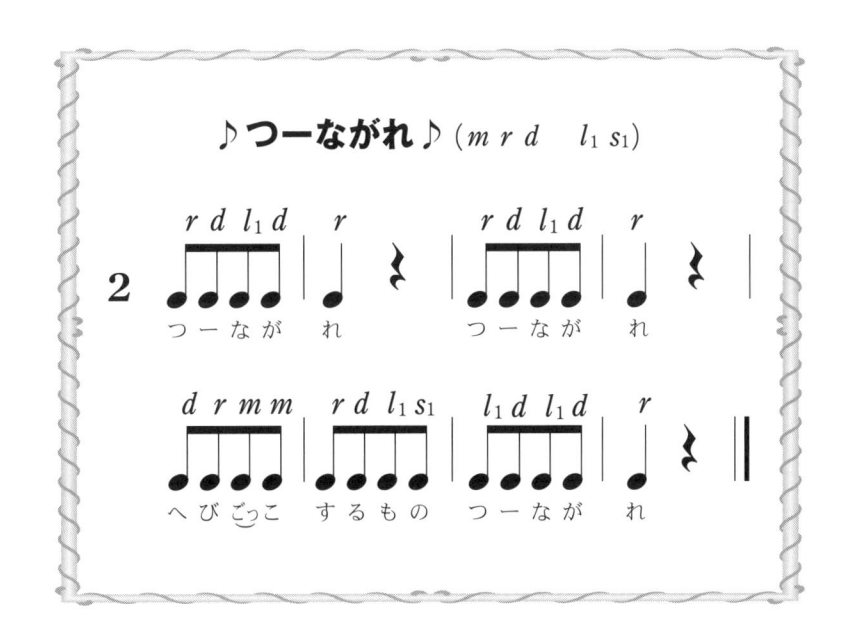

♪つーながれ♪ ($m\ r\ d\ \ \ l_1\ s_1$)

2
| $r\ d\ l_1\ d$ | r | | $r\ d\ l_1\ d$ | r | |
つーな が　れ　　　　つーな が　れ

| $d\ r\ m\ m$ | $r\ d\ l_1\ s_1$ | $l_1\ d\ l_1\ d$ | r | |
へびごっこ　するもの　つーな が　れ

つなげて　つなげて…

並べる遊びは、いろいろなものをつなげるだけじゃない。楽しさや集中力、イメージ、気持ちをつないでいくんだ！　わらべうた♪つーながれ♪にのせて、『並べる』を始めましょう。

「並べる」の道具

■並べる遊びの道具は、本文にも記したように、ポイントは〈同種類・同サイズ〉です。このことを踏まえ、並べる道具とそれを助ける道具をいくつかご紹介しましょう。

[円板]

■板の材質（表面の感触や厚み、重さ等）を吟味し、同サイズにカットします。適度な大きさが掌の開きと各指の伸展および屈曲した各指先でのつかみを促します。

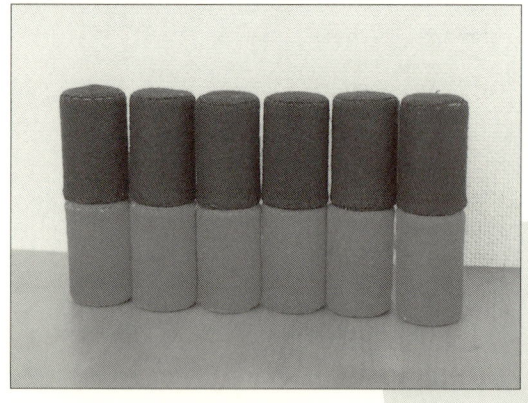

[フェルトシャカシャカ]

■同型のフィルムケースに、ビーズやビー玉・ペレッタ・鈴・ボタン等を各々適量入れ蓋をし、フェルトでコーティングしたものです。（振ると、中味による音の違いが生じるので、感覚〜聴覚〜遊びも楽しめます。

■バトンリングという枠に助けられ、丸く並べることもできます（リング内に10本入る）。

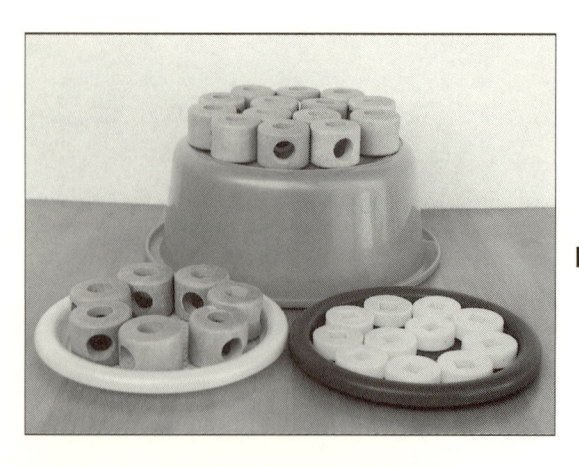

[ひも通しの道具]

■ひも通しをたっぷりと楽しみ手指になじんだ道具は、並べる遊びでも子どもを助けてくれます。また、たらい（洗面器）も大活躍です。　　　　　　（※道具の多機能性）

※第二部「遊びと道具」参照。

第5章 【並べる】遊び

[フェルト棒]

■ワイン等のコルク栓から同じサイズのものを選び、フェルトでコーティングしたもので、カラーリング内にぴったりと入ります。

[カラーリング]

■市販の紙管を2センチ幅にカットし、水着用ジャージでコーティングしたものです。

[コンビリングの芯]

■枠とセットでも個別でも使えます。
■芯だけで並べると、枠つきの場合よりも数多く並びます（〈大きさの比較・認知〉を促します）。
■芯と枠、何通りかの柄や色の組み合わせが色彩感覚も刺激します。

[コンビリング]

■**芯**：ペットボトルのキャップを2個合わせ、綿ブロードとフェルトでコーティングしたものです。
■**枠**：紙管を芯の高さに合わせてカットし、芯と共布でコーティングしたものです。

■コンビリングは、写真（左）のように芯を枠から半分程ずらし連結していく遊びも楽しめます。
・芯を少しだけ押したり、それが戻らないよう注意を払いながら次の枠をはめ、そして次の芯を入れ…というように、指先の微妙な力の入れ具合で道具のコントロールをする。（微細運動機能練習）
・芯をずらすことでつなげる連結の原理を理解し、それを見通してどのくらい押し出すかの判断をし、また、それが途中で戻らないようにすることも考えながら連結させていく。（知的・心理的発達を促す）

129

第4部 積木と出会うまでⅢ **積木遊びの練習**

［パズルボックス］(Fisher Price)

■パズルボックスの中味だけを集めて使うと並べる遊びも楽しめます。（道具の多機能性）

［いろは積木］

■表面にシンボリックな絵、裏面にその絵の名称の頭文字が書かれた平積木。広い面側からつかむ際、円板同様に手指の動きを促します。

■平面的形状から、置いたとき安定感があり、並べる遊びを助けます。「積木」でありながら、扱い易く親しみ易いいろは積木は、本格的な積木への架け橋となってくれるでしょう。

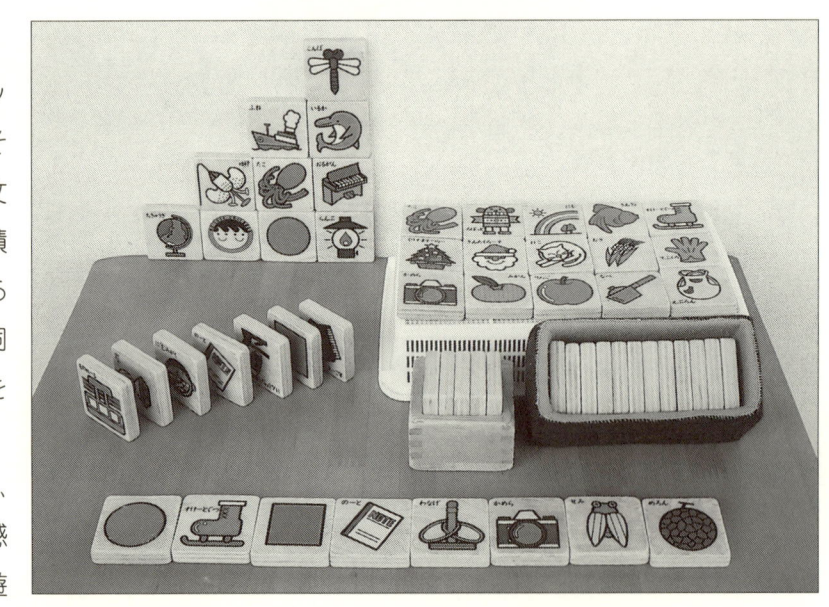

■並べた後は、わらべうたやごろあわせとともに、絵を題材にした即興話も楽しめます。

「並べる」遊びとわらべうた・ごろあわせ

■同じことを繰り返す行為：並べる遊びは、リズミカルなごろあわせやわらべうたが一緒だとより一層楽しくなります。

■並べる遊びを始めたばかりの頃は、大人が並べて見せるそばから崩してしまうということが往々にしてあります。秩序をつくりだす快の緊張も、はじめは長くは続かず、崩すことでその緊張感を解放させるのでしょう。また、「今、どうやったの？ もう一回最初からやって見せて！」と再び並べてくれることへの期待、学習意欲の現れともとれます。

・わらべうたは、うたに聞き入りながら、歌い終わる（並べ終わる）まで見続けるなど、集中力の持続の助けにもなります。「うたが終わるまでは見ててね」などといったことばがけを、指示的口調ではなく、"私のうたを聞いててね。楽しいよ"といったわくわくするニュアンスで添えるといいでしょう。

・わらべうたを歌いながら並べたり、並べたものを数えるように指さしていくときは、1拍につき1個の、あるいは一動作のテンポで歌えるうたを選ぶとよいでしょう。鼓動を刻むように規則正しくひとつひとつのものが置かれ、連なっていくのは心地よいものです。また、なかなか最後まで見届けられない頃には、短いわらべうたやごろあわせを選ぶとよいでしょう。

♪ひっとり ふったり♪

(楽譜) 2/4拍子
ひっ とり, ふっ たり, さんめのこ, よって たかって しらみのこ

＊全体8拍からなるうたです。
＊持続性の低い、並べる遊び初期に歌ってあげられるでしょう。
＊手さげ袋や器に入れたお手玉等を、歌いながらひとつずつ取り出して並べ、もう一回歌いながら1拍ごとにそれらひとつひとつに触れ、さらにもう一回歌いながらひとつずつ手さげ袋や器に戻していくなどといった反復のバリエーションも楽しめます。

第4部 積木と出会うまでⅢ 積木遊びの練習

『いっぷく たっぷく』
—ごろあわせ—

いっぷく　たっぷく
たびらか　もっぱい
おんろく　ちんぴん
しきしき　ごっけん
つるりん　どん

* ことばの意味というよりは、リズミカルでユーモラスな響きを楽しむごろあわせです。
* また、この短い一編の中に、いろいろな発音要素が盛り込まれているので、口の回りの表情筋や唇や舌の動きを多彩に促してくれます。
* 遊びや場面に合わせ、唱える口調やテンポを変えるなどしても楽しいでしょう。
* 唱えながら並べるときは、やはり、一節ごとにひとつが心地よいでしょう。

♪いっちくたっちく♪

```
s m m m   m r d   s m m m   m r d   r m r d
2/4 ♩ ♫  ♩ ♫    ♩ ♫    ♩ ♫    ♫ ♫
   いっ ちく たっ ちく じゅう にが ふい が  ちくむく

r m r d   r m r d   r m r d   r   d m   s
♫ ♫     ♫ ♫     ♫ ♫     ♩ ♫   ♩ ♪
ちんぼらが うどんぬ くしんじ ふ る が  よい
```

* 沖縄の古いうたです。「いっちく たっちく」は、「いち に」とか「ひー ふー」などという意味のようで、数えうたとしても歌えます。その他のことばの意味はよくわかりませんが、沖縄特有の空気漂うメロディカルで優しい響きのするうたです。
* 数えうたの中でも長いうたなので、並べる遊びの充実期には、より適しているうたといえるでしょう。

「並べる」遊び

■広げた布の一辺（縁）に沿ってフィルムケースを並べています。隙間を修正しているようです。目で位置を確かめながら、指先に神経をいきわたらせて置いています。5本の指がよく分化されてきていることがうかがえます。

■ほどよい緊張を楽しむような表情もいいですね。

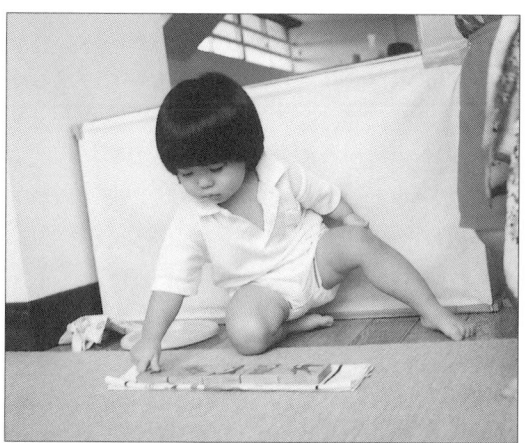

■いろは積木と同幅位に布をたたんで用意してあげると、並べる目安となり、並べる遊びを始めた頃など未熟な段階での助けとなります。

■直線的な並べの横と縦の組み合わせが、平面的な並べをうみます。

■遊具棚上面（これがまた偶然にもジャストサイズ！）が、その⤴並べを助けてくれます。

■辺と辺、角と角を、一回ごとにきちんと合わせることを意識して並べています。

第4部 積木と出会うまでⅢ 積木遊びの練習

「ひょうたんからこま?!」

■大人が棚の裏面の布を張り替えようと考えていた矢先、子どもたちが、いろは積木を立てて並べるのに絶好の場所を発見！うまいことに、積木の厚さと桟の奥行きはジャストサイズ！ 立てると不安定ないろは積木も、これで立てて並べることも可能となり、楽しさ倍増です。思わぬところに助けられ、有能感を得ることができました。

■視線と手、そして力の入った足の親指の先に「快の緊張」がうかがえます。

■友だちの遊びを見つめ、達成時に思わず拍手‼ （1歳児のクラスの様子です）

■少々デコボコではありますが、敷居に沿わせ、はじめからおわりまで自力で並べました。その能動性、持続性も素敵ですが、友だちの遊びに手を出さずにじっと見入る姿には、さらなる成長がうかがえます。並べるそばから崩す段階を経て、崩すことより並べることの楽しさを知ったからこそ、友だちの気持ちに寄り添い見届け、喜びの共感ができるのです。心の中で一緒に並べているのでしょうね。

「ドミノ倒し」

〈一連の流れ・見通しをもった遊び〉

■いろは積木を立てて並べる。
　　　　　　　　（平衡感覚と微細運動）
■平行、等間隔に並べる。　（視覚と空間知覚）
■途中、うっかり触れて倒してしまわないよう最後まで注意を払いながら並べていく。
　　　　　　　　（思考力と集中力・注意力）
■倒す際は、端の積木を指先でそっと押す。"カタカタカタッ…"という心地よい倒れ方を見据えた力のコントロールをする。
　　　　　（ものごとの因果関係の理解とそれに見合った動き）
■きれいに並べたもの（行為の経過）がきれいに倒れ（行為の結果）満足する（有能感を得る）。

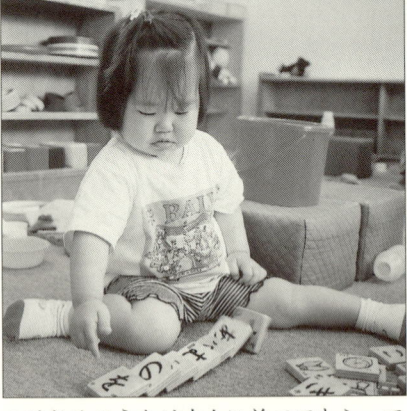

＊はじめのうちは大人に並べてもらっては倒すという遊びを何回も楽しみました。それを繰り返すうちに自ら並べて倒すことができるようになりました。

第5章 【並べる】遊び

■何も沿わず自力でこんなに長くまっすぐ並べられるようになりました。

■このように並べられるようになってくると、少しのズレにも気づき、こだわり、自ら修正・復元する力もついてきます。

『くまさんのおでかけ』 作 中川李枝子

一本道をテクテク
　　　くまがおでかけ　いってまいります
一本道をテクテク
　　　や、水たまり「泳いでわたろう」
一本道をテクテク
　　　や、石ころ「ヨイショとこえよう」
一本道をテクテク
　　　や、山ぶどう「こりゃうまそう、パクン」
一本道をテクテク
　　　や、行きどまり「まわれみぎ」
一本道をテクテク
　　　や、山ぶどう「こりゃうまそう、パクン」
一本道をテクテク
　　　や、石ころ「ヨイショとこえよう」
一本道をテクテク
　　　や、水たまり「泳いでわたろう」
一本道をテクテク
　　　くまがおかえり「ただいま」

＊一直線に並べられたいろは積木は、いろいろなものに見たてられますが、長く続く一本道ととらえ、こんなおはなし（ミニ文学）も展開できます。材料として、小さなくまの人形があれば何よりですが、他のものでも大丈夫。子どもはそれぞれの心の中でイメージを膨らませていきます。

＊少し長めの作品ですが、繰り返されるフレーズと、鼓動（歩調）を刻むような「テクテク」の響きが楽しいのでしょうか。また折り返し同じ道順を辿り、元へ戻るというのも安心で嬉しいのでしょう。部分的に大人と一緒に言うなどして、最後まで聞いてくれます。

つーながれ

　ひとくちに"つながり"といってもいろいろなつながりがあります。人と人とのつながり、過去から現在・現在から未来への時間のつながり、ものごとのつながり…、考えてみれば、世の中に何ともつながっていないものはひとつもなく、すべてのものは何かしらの形でつながっているのではないでしょうか。ひとつひとつの"個"は確かに存在し、それらがそれぞれの接点をもち、そこをつないで、また別のものとつないでつないで…つながっていくうちにひとつの点だった個が線になったりその線が輪になったり、途中枝葉に分かれそこからまたつながっていたり…というようにずっと何かは何かとつながっていくのではないでしょうか。これら接点を、共通点、因果関係などと呼び、人は、何かと何かのつながりを考えるとき、これらを探し、見つけます。見つけて安心したり、ある問題解決の糸口にしたりなど、一歩前進の足掛かりとなることもしばしばです。

　子どもが成長する過程で、この"つながり"を知っていくことはとても大切なことであると思います。家族とのつながりをはじめ、それ以外の大人とのつながり、友だちとのつながり…というように、生後わずか数年の小さな子どもにもすでにいろいろなつながりがうまれており、そのなかで自己を見つけ、他を知り生きていくのですから。

　子どもは、さまざまな場面や体験を通していろいろな"つながり"を知っていきますが、遊びもその役割を大きく果たしてくれています。手をつないで歩いたり輪になったりするわらべうた遊びもそうですが、本章にて取り上げた「並べる」遊びもそのひとつです。

　第2章で触れた「入れたり出したり」のような"こうするとこうなる"という遊びからは、現象をつなぐ、つまりはものごとの因果関係を知ることができ、「並べる」遊びからは、同じもの同士、つまりは共通点を見出してつなげていくということを体験し学んでいくことができます。また、因果関係や共通点には、目で見て、あるいは誰が見ても明らかな原理的なものもあれば、希望や空想などイメージの世界、人それぞれの自由な発想からうまれるものもありますね。そして、乳児期から遊びのなかで、こうした現実とイメージ双方を、その子ども自身のなかにためていくことが、後々の成長においてもとても重要なことであると考えます。

　たとえば「並べる」遊びでは、お手玉を、ふっくら丸いその形状からおまんじゅうに見たてたり、ハンバーグに見たてたりし、四角く平たいいろは積木をせんべいや食パンに見たてたり、電車（車輌）に見たて、さらにその上にお客さんに見たてたお手玉を乗せていったりなどするでしょう。でも、いずれも本物ではないので、実際には食べられないと知り、口に

第5章【並べる】遊び

は入れず食べるしぐさをして食べたつもりになったり、また、実際には走らないし、走らせようとして指で押すが積木電車は壊れやすいと知ると心のなかで走らせたりするというように、現実とイメージの共存、往来を自然と楽しめるようになっていきます。

こうして、遊びを通してものごとの共通点や因果関係を知り、それを楽しめるようになってくると、並行して、そこをテーマとしたおはなしの世界へも期待感いっぱいで入っていけるようになっていきます。
　"つながり"をテーマに、「見たて」や「ぐるぐる話」が要素の作品を、ことば遊び（文学遊び）や絵本のなかより、乳児期から楽しめるものを中心に選んでみました。

『まるくて　おいしいよ』（福音館書店「0.1.2えほん」）

丸くておいしいものがいっぱい!!
　赤や黄…色とりどり、大小さまざまな丸いシルエットが、ページをめくると、次々おいしいものに変身！
　"丸くて、これくらいの大きさで、こんな色をしているおいしいものなぁーんだ？"と謎かけをするように展開していくなかで、子どもは、自分の大好きなたべものや身近なたべものを見つけて嬉しくなったり、また、実際の経験とも重ね合わせることで、絵本を離れたところでの遊びにもさらに幅ができたりすることでしょう。
　鮮やかだがどぎつくなく親しみやすい柔らかい色合いや、シルエットとたべものの絵との間にある微妙なタッチの違いも、乳児の繊細な感性に優しくはたらきかけてくれることでしょう。また、何故だか安心感を覚える形"丸"が勢揃いしているところもこの絵本の魅力なのでしょう。読み終えるそばからまんまる笑顔がいっぱいです。

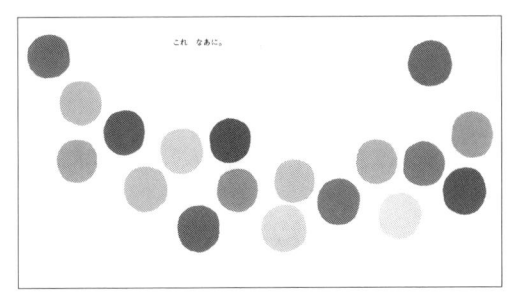

> 『がたん ごとん がたん ごとん』
> （福音館書店・あかちゃんの絵本） 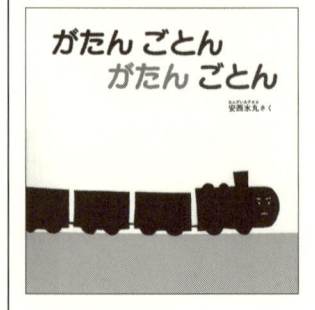 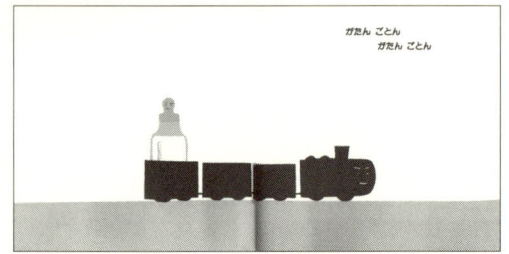
>
> いろは積木を並べて電車に見たてたり、そこにお客さんを乗せたりといった遊びが、まるでそのままおはなしになったような絵本。
> 汽車とコップやスプーン、哺乳ビンなど自分にとって身近なものたちが、黒いシルエットや単色を中心にしたシンボリックな絵でシンプルに描かれており、視覚発達的にみても、細部にまで視線を行き渡らせることがまだ難しい乳児にも優しい絵本です。
> また、もちろん静止画で、だが、実は動いていない汽車をも心のなかで自然に走らせて行くことができるような絵配りと話の展開は、想像性にはたらきかけ、豊かにしてくれることでしょう。

　次に、「ぐるぐる話」を文学遊びと絵本から選んでみますが、その前に、"文学"ということについて少し触れてみます。

　わらべうた遊びには、音楽的要素もあれば、そこにあることばを楽しむという言語的、文学的要素もあります。「わらべうた」を大きく"ことばの世界"としてとらえてみたとき、リズムやふし（メロディ）のあるものは音楽的な意味がより深く、一方、おそらく昔はどれにもふしと遊びがついていたのかもしれないが今は決まったそれら無しで伝わってきているのではと思えるようなごろあわせや伝承詩は、文学的方向に近いと考えることもできます。大人が「文学」ということばを思うとき、おそらく多くは、即座に"書物"を連想するかもしれませんが、"子どもにとっての文学、子どものときからの文学"というところから考えると、「文学」はもっと広い意味をもつものになっていくのではないでしょうか。つまり、文学的要素も含むわらべうたは、子どもが最初に出会う最もシンプルかつ深い文学であるともいえるのではないかという考え方です（文学への入口とでもいいましょうか）。

　そして、そう考えると、わらべうたも詩も文学遊びも絵本もこれらすべてを"ことばの世界"という括り、すなわち"文学"としてもとらえることができ、子どもにとっての文学が、絵本だけでなく、これらに並行して出会っていってこそ、ことばの世界をより一層広げていくことができるのではないかという考え方へと辿り着きます。

そういった思いも含め、本書『うたと積木とおはなしと』では、"おはなし＝絵本"といった枠を越え、詩や文学遊びも合わせて"おはなし"としてとらえ、作品をご紹介しています。では、まず、文学遊びのなかより「ぐるぐる話」をご紹介しましょう。

『女の子とスカート』

女の子とスカート
スカートとボタン
ボタンと穴
穴とシャベル

シャベルと泥
泥と靴
靴と靴下
靴下とものほし

もの干しとズボン
ズボンとスカート
スカートと女の子

～『いっしょにあそぼうわらべうた（0.1.2歳児クラス編）』
（コダーイ芸術教育研究所著、明治図書）より～

フランネルでするおはなし

　文学遊びでは、大人がおはなしをしてあげる際、あるいは何度もしてもらった後子どもが自分自身でもやってみるとき、よく、それぞれの作品に適した道具を用います。そうすることで、耳から聞いたことばがより立体的に子どもの心へと入っていき、頭のなかだけでおはなしの筋を追っていけるようになることも助けてくれます。それは、いずれ出会う長いおはなし（絵本・素話など）をより深く楽しむことへもつながっていくことでしょう。

「ぐるぐる話」は、フランネルを用います。
①壁面にフランネル布を用意します（おはなしを聞く子どもの目の高さも考慮した位置に用意しましょう）。
②芯地パネロンを丸く切り、その一枚一枚に「ぐるぐる話」に出てくることばを表わす絵を描きます。
③おはなしを言いながら壁面フランネル（①）に芯地パネロン（②）を並べて貼っていきます。

この際、最後まで言い終えたとき最初の絵に戻り着くことを考慮して、フランネル布の中央上から貼り始め、時計回りにぐるりと輪を描くように並べていきましょう。

④一度目に言うときは、③のようにして貼っていき、続けて二度目に言うときは、言いながらはがしていきます。またさらに貼りながら…と繰り返したりもします。

このように、文学遊びのなかの「ぐるぐる話」はフランネルを用いることで表わしやすくなります。こうした遊びで、あるものから別の何かを連想する楽しさを味わいながら、頭のなかだけで話の筋を追っていくということも学習していくことでしょう。

絵本のなかからは、『しんせつなともだち』を見てみましょう。

『しんせつなともだち』（福音館書店）

雪深いある日、たべるものを探しに行ったうさぎはかぶを見つけ、そのかぶがうさぎからろばへ、ろばからやぎへ…と、友だちから友だちへと思いやりの心をのせて運ばれていき、最後には……。心温まるおはなしです。

実際の生活のなかでも、いろいろな状況と出会ってはそこから仲間関係を少しずつ広げていき、心と心をつないでは友だちを増やしていく子どもたち……、そんな子どもの心にも深く優しく浸み込んでいくことでしょう。

また、話の構成としては、巡り巡って結局はもとのところへ戻るという「ぐるぐる話」の形をなしています。豊かな情景描写や心理描写といったストーリー性の深さとともに、いわゆる落ちのおもしろさももったおはなしに仕上がっているのです。育ちゆく心とおはなしを聞く力——耳で聞いたことばを記憶、理解、連想し、話の筋を追っていくという言語理解能力——に加え、始まりから結末までを含めたおはなしの全体像をつかみ、それを楽しむというおはなし（ことば）の構築センスにもはたらきかけてくれることでしょう。

うたと積木とおはなしと―遊びと発達

第4部
積木と出会うまでⅢ
―積木遊びの練習―

第6章
【重ねる】遊び

点と線　【積む・重ねる】　「重ねる」の道具と遊び　のせて　のせて…

【点と線】

　積木遊びで最も基本となる行為に「並べる」と「積む」があります。どちらも、"点"である積木をひとつずつ置いていくという行為の反復であり、その行為の積み重ねが"線"となり、その行為の足跡として形を残していきます。この"点と線"の関係からみえることをまとめてみましょう。

[点 → 線]
・集中力と持続力の実り-------------------------------(快の緊張・達成感)

[線 → 点]
・張りつめた緊張をほどく心理-------------------------(解放感)
・崩すことで、再び一から始めることへとつながる--(再生意欲)

[点 ⟷ 線]
　この反復が、手指の器用性を高め、遊ぶ楽しさや喜びを与え、心理的・知的欲求の高まりへとつながる。

　"点から線・線から点"を繰り返す遊び、「並べる」と「積む」は、本格的な積木と出会う前に、これまでなれ親しんできた道具を使って、たっぷりと楽しむことができます。また、そうすることによって、それがそのまま積木遊びの練習ともいえる準備段階となり、難しくもある積木の入り口へと自然と誘なってくれるのです。

【積む・重ねる】

　「並べる」が、横への線ならば、「積む」は、縦・上への線であり、安定性のある平面に置いていく「並べる」行為よりも、積むほどに重力が加わり不安定になる分、より、集中力、注意力が要求される高度な行為であるともいえるでしょう。

　しかし、子どもは指先にまで神経をいきわたらせ、崩れないよう意識しながら、でも崩れ落ちるところまで積み続けます。その姿は、まるで、大きくなることへの憧れを、そこに投影しているかのようにもみえます。また、その一方で、崩れ落ちた瞬間、泣くなど葛藤を起こすこともしばしばです。ですが、「壊れちゃったねぇ、残念だねぇ。でも大丈夫、もう一回やってみよう。一緒にやってみようか」など、大人からの励ましや助言、再生のとっかかりの助けによって、気持ちを切り換え、再びチャレンジすることもできます。

　それも、これまでのいろいろな操作・機能練習遊びを通して、ものごとの因果関係やルールを学習してきたからです。そこで学び得た確信が、先の見通しをもたせ、萎えた心を奮い立たせてくれるのです。

　遊びが、乳児期からも、自立心・自律心といった心の強さをも育ててくれることがわかりますね。また、大人は、遊びを提供したならば、子どもを信じて、子どもに任せ、見守る勇気ももつべきであることも学びとれます。プレッシャーではなく、"きっとできるよ"と信じてもらえることが、喜びや自信へとつながっていくのですから。

「重ねる」の道具と遊び

［重ねタワー］
- 大きさの異なる4個の ▲ を、凹凸をかみ合わせ積み重ねていく。
- 大きさ順不同でも重なる。
  → 重ねやすく、重ねカップ以前に取り組める道具。
- 木のぬくもりが手に心地よい。
- 適度な大きさと重さが、つかむ際の掌の開きと指先への力を促す。

「柱と壁に沿って」
- 薄いいろは積木も、こうして支えを得ることで積み上げることができます。それでも不安定で足元へと崩れ落ちてきますが、繰り返し "Let's try!" です。

「積んで 重ねて 揃えて」
* 広い面を使うと、高さは出にくいが、安定感のある積み上げができます。
* 丸盆の枠内に、2×2の4枚を乗せた後、そのそれぞれの上に均等な高さを意識して積み重ねています。

[重ねカップ]

- 積み重ねる遊びの道具の代表選手。大きさの異なる（深さは均一）10個のカップからなる。大きい順に、伏せて重ねていくと、やや円錐形の塔になる。
- 順序正しく積み重ねると、連なるカップの底枠と口枠とがぴったりと合わさる→順が違うと合わさらず、繰り返し遊ぶなかで、カップの大きさがすべて異なることにも気づき、大きさを感じながら順序正しく重ねられるようになる（大きさの比較・認知）。
- 積み上げる過程で、下から上への視線移動が促され、空間知覚が刺激される。

「大きさの比較から認識へ」

＊左手のカップと右手のカップ、どちらが合うか試しながら重ねようとしています。

＊正座で背筋を伸ばした姿勢から、身体機能も十分に発達していることもうかがえます。

「リズミカルに…」

＊カップを左手に持って控えながら次々と右手へと移し重ねていっています。
（右手と左手の協応動作）

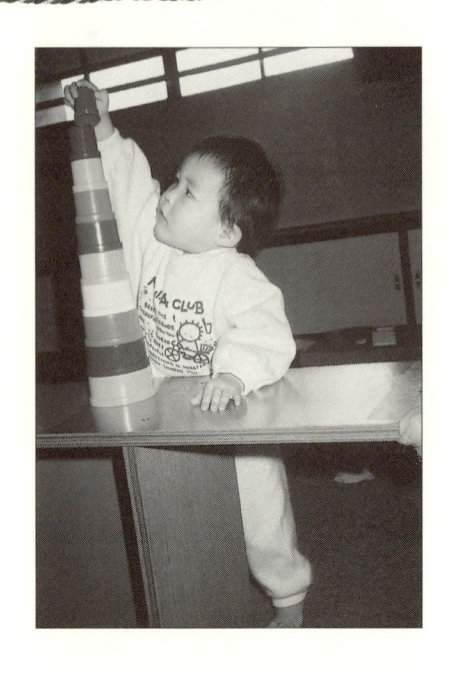

第4部 積木と出会うまでⅢ 積木遊びの練習

「自分の背より高く…10個目は背伸びして…」

＊立ち台の上で重ね始めたところ、最後はこんなに高くなりました。この高さが、背伸びを誘い、不安定になりつつある全身のバランスを保ちながら目で狙いを定め、そこにカップを持っていくよう手で操作するという共存するあらゆる課題の克服を促します。

- 視覚と粗大運動機能と微細運動機能の統合
- 思考力・集中力・注意力をはたらかせる

「落ち着く空間で」

＊振動や少し振れたことでも倒れやすい重ねカップ。安心してじっくりと取り組める空間設定も大人側の課題です（入口に3個並べたウレタン積木も、本人および他児へのサインとして大人が設置したものです）。

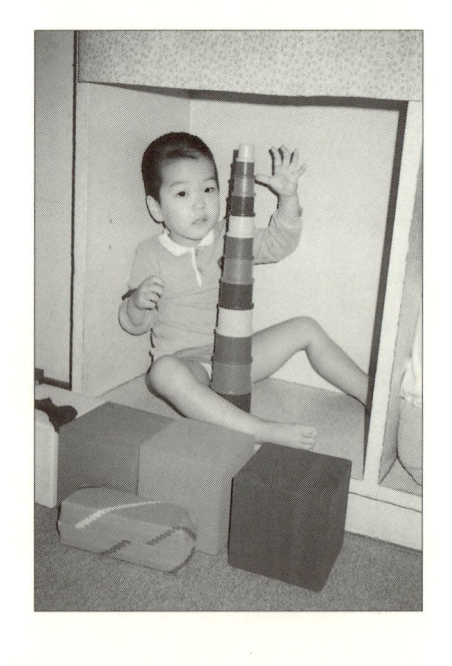

＊少しずつ大きさの異なる10個1組の重ねカップは、一度バラバラになると、積み重ねるのも収め直すのもひと目では容易にはできません。自分の1セット分だけでも難儀なカップが他児の分と混ざってしまったらどうでしょう。カップ同様、双方の頭も心も混乱し、遊びどころではなくなるかもしれません。自分だけで安心して取り組める空間があれば、10個揃える難しさをじっくりたっぷりと楽しみながら習得していくことができるでしょう。

それだけでなく、ひとりで自分の遊びと向き合い取り組むことは、心の自立をも促します。

第6章【重ねる】遊び

「数えてみようか…」
＊積み重ねた後に大人のわらべうたを聞きながら数えるようなしぐさ。(自己行為の確認)

♪いちじく　にんじん♪
($m\ r\ d\ l_1\ s_1$ 6度音歌)

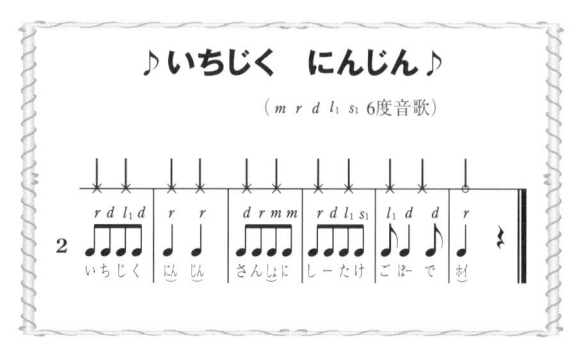

r d l₁d	r　r	d r m m	r d l₁s₁	l₁ d　d	r
いちじく	にんじん	さんにに	しーたけ	ごぼーで	村

＊わらべうた遊びのなかにも"重ねる"しぐさのある遊びがあります。手の甲をつまんで、拍に合わせて振る遊びです。

♪いたちごっこ♪

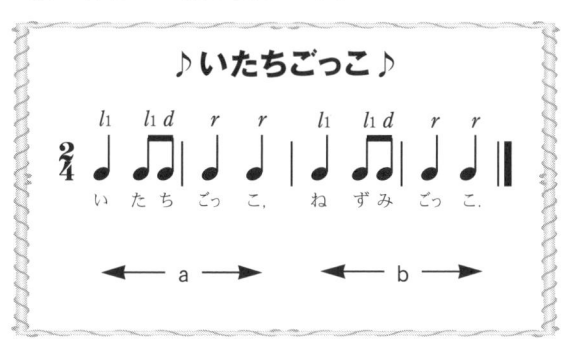

l₁	l₁d	r	r	l₁	l₁d	r	r
い	たちごっ	こ.		ね	ずみごっ	こ.	

←―a―→　　←―b―→

・aで、大人が片手を振る。
・bで、もう一方の手を重ね、下の手の甲をつまんで振る。
・大人が、左右の手を交互に繰り返し重ねて見せたり、そこへ、子どもが参加してきたら、子どもの手も同様に重ねていって遊ぶこともできます。

♪いちばちとまった♪

r r d d　r r r

1. い　ば　ち　と　まっ　た
2. に　ば　ち　と　まっ　た
3. さ　ん　ば　ち　と　まっ　た
4. し　ば　ち　と　まっ　た
5. ご　ば　ち　と　まっ　た
6. ろく　ば　ち　と　まっ　た
7. しち　ば　ち　と　まっ　た

はるがきて,
くまんばちがさして,　｝7番のあとにいう.
ぶん,ぶん,ぶん,ぶん,‥‥

＊♪いたちごっこ♪と同じようにして遊びます。「しちばちとまった」と歌い終わったところで手の動きを止め、「はちがきて…て」のことばをゆっくりはっきりと言い、「ぶんぶん…」では手を放し、「ぶんぶん…」を何回か言った後、頭の上に手をやり、「あー、行っちゃった」と終わってもよいでしょう。また、脚力もつき、走りたい欲求が高まる時期には『鬼ごっこ（追いかけっこ）遊び』のうたとしても楽しめます。「ぶんぶん…」のところから追いかけっこになるのです。戸外遊びに適した遊び方でしょう。

のせて　のせて…

　おはなしはどれも皆、いろいろなことばや事柄の積み重ねから成るものであり、なかでもそのことを特徴的に表わしている作品もあります。

　たとえば、文学遊びには、「積み重ね話」と呼ばれる形のおはなしがあります。最初のことばに何かことばを付け加え、次にもうひとつ付け加え、さらにそこにもうひとつ付け加え……というように、ことばが次々と積み重なりながらふくらんでいくという構成になっているものです。ことばとことばをその節目ごとのつながりで結んでは同様にして次のことばへと移っていくという形の「ぐるぐる話」よりもさらに複雑で高度な形であるともいえるかもしれません。「積み重ね話」は、ことばが付け加えられる度に、それまで積み重ねてきたことばも繰り返し何度も登場してくることになるわけで、同じことの繰り返しも楽しい子どもにとっては、おはなしの展開への期待感をくすぐられることにもなることでしょう。ですが、それと同時に、そのおもしろさをより一層際立たせるには、ひとフレーズをひと息で言うことが効果的になるので、おはなしをしてあげる側である大人には、しっかり覚えて何度も練習をするということが課題となるでしょう。

　また、先にも述べたように、「ぐるぐる話」よりも難度は高いので、子どもがこれを楽しめるところまで育ってきているかどうかという作品との出会いの好機を見極めることも大切になりますね。

「積み重ね話」の参考作品と道具例

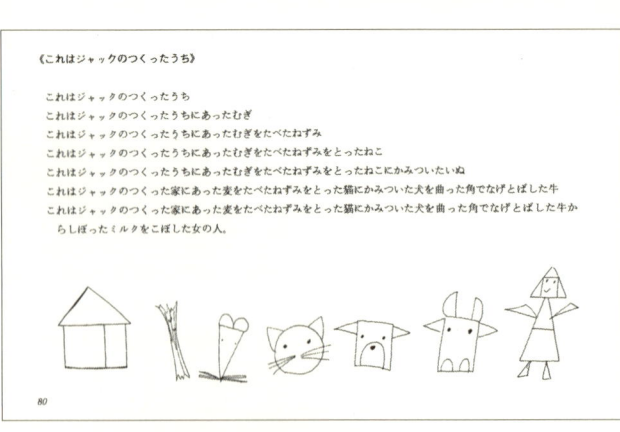

《これはジャックのつくったうち》

これはジャックのつくったうち
これはジャックのつくったうちにあったむぎ
これはジャックのつくったうちにあったむぎをたべたねずみ
これはジャックのつくったうちにあったむぎをたべたねずみをとったねこ
これはジャックのつくったうちにあったむぎをたべたねずみをとったねこにかみついたいぬ
これはジャックのつくった家にあった麦をたべたねずみをとった猫にかみついた犬を曲った角でなげとばした牛
これはジャックのつくった家にあった麦をたべたねずみをとった猫にかみついた犬を曲った角でなげとばした牛からしぼったミルクをこぼした女の人。

～『新訂　わらべうたであそぼう　年少編』
（コダーイ芸術教育研究所著／明治図書）より～

［三角柱の重ね箱］

■「積み重ね話」に出てくるものを表わす絵を厚紙等で作った三角柱型の箱に描き、それらを重ねた箱。つまり、最初のことばが一番大きな箱となり、次々加えられていくことばの順に箱の大きさが小さくなっていきます。おはなしを言いながらひとつずつ引き出していくという使い方をします。

第6章 【重ねる】遊び

次に、絵本からも、その作品における特徴的要素のひとつとして、絵や文章、展開に"積み重ね話"的要素も含まれており、そこがまた魅力のひとつでもあると感じとられる作品を子どもたちの大好きなもののなかより選んでみましょう。

『ぞうくんのさんぽ』（福音館書店）

散歩に出かけたぞうくんが、途中、かばくんやわにくん、かめくんと出会い、一緒に散歩するのですが、並んで歩く…ではなく、背中に乗せて、また乗せて…。明るい色彩とシンプルにデザイン化された絵、そして子どもたちの大好きな"散歩"がテーマになっていることなどの魅力もさることながら、積み重なっていく繰り返しとパーンッとはじける瞬間の解放感との絶妙なバランスも子どもたちの心を引きつけるゆえんでしょう。"ほのぼの"と"ハプニング"が楽しいおはなしです。

『おおきなかぶ』（福音館書店）

普及の名作ともいうべき作品、ロシア民話。ひとりではなかなか抜けないほどに大きく育ったかぶを、みんなで力を合わせて抜くというように、話の展開はとても単純なものですが、単純さゆえの奥深さたっぷりのおはなしです。

この民話がもつ倫理的、思想的な繊細さ、複雑さは容易には語り尽くせず、読者それぞれの心で感じとっていくべきものと願います。が、あえて、本章のテーマに沿った視点でその魅力をあげるとするならば、それは、大きなかぶを先頭にして

149

第4部 積木と出会うまでⅢ 積木遊びの練習

だんだんに小さくなっていく引き手の描写とそれに伴う文章、登場人物がひとつ加わるたびにひとつことばを積み重ねては繰り返される同じフレーズ、簡潔な文章の構成からくる心地よいリズム、達成感を伴い完結で迎える物語の結末とその爽快感…、といったことなのではないでしょうか。これらのことが、耳心地のよさとなり、また、読み手の大人と一緒に思わず「うんとこしょ　どっこいしょ」と声を出さずにはいられない躍動感をも引き出してくれるのでしょう。この民話が奥深さとともにもつ、子どもの心に響く最大の魅力であるといえるでしょう。

『はらぺこあおむし』（偕成社）

製本にちょっとした仕掛けが施してあります。仕掛け絵本に対しては賛否両論あると思いますが、大切なのは、絵本が絵本であるのには、絵本でなければ得られない味、他の何物でもない―読み物本でも演劇でもアニメーションでもおもちゃでもない―絵本であるからこそ表現される世界があるということではないかと考えます。

おはなしの本筋が見えてこない、あるいはその妨げになってしまっているような仕掛けや読者の特権でもあるはずの想像する楽しみを奪ってしまうような過度でおせっかいな仕掛けもあれば、知らぬ間に読者がおはなしの世界へ引きずり込まれ、想像力をかきたてられ、後から“あれ？　これって…いわゆる仕掛けだったのか…。”と気づくような、おはなしの一部となって心をくすぐってくるような仕掛けもあるでしょう。

『はらぺこあおむし』にある仕掛け――たべものを探しに出かけたあおむしの出会うたべものの絵が「ひとつ…ふたつ…みっつ…」と紙の長さのグラデーションでページを重ねながらその数を増やしていく部分や、あおむしが通り抜けた跡を思わせる穴――は、まさに後者といえるでしょう。このおはなしをより味わい深くするエッセンス的効果を感じさせられる仕掛けになっているのではないでしょうか。仕掛けも含めてひとつのおはなしにできあがっていると感じられるのです。この絵本と出会う子どもの姿を見ていれば、それは一目瞭然です。仕掛けのあるページしか見ないなど仕掛けばかりにこだわったり、仕掛けで遊ぶだけでおはなしそのものには入っていけないなどという姿は、まず、見かけないですから。色鮮や

かで心楽しくなる色使い、期待感、冒険心、ワクワクいっぱいのストーリー展開にちょっとした工夫もあいまって、この絵本を見る者の心を魅了し離さなくするのでしょう。

> 忘れないでほしいのは
>
> 楽しむこと
>
> 遊ぶ時間をつくること
>
> そして　自分でいること！
>
> ―by Eric Carle―

　以前、絵本原画展にて目にし、感銘を受け、思わずメモしたエリック・カールからのメッセージです。

　彼の代表作でもある『はらぺこあおむし』からも、このことばにあらわされている作者のモットー、人生観のようなものが感じられます。

　生あればこその喜び――誕生から成長する喜び、食の喜び、冒険の楽しさ、好奇心、そこにつきもののアクシデント、挫折、それゆえ得る知恵と勇気、明日への希望――"生きることはつらいことじゃない、どれだけ楽しめるかさ！　さあ、希望をもって!!"と、あおむしに姿を変えた作者に明るく優しく、そしてちょっぴりいたずらっぽく微笑みかけられているようで、とても元気になれるおはなしです。

うたと積木とおはなしと — 遊びと発達

付録
わらべうた
楽譜集

付録 わらべうた楽譜集

1. ねん、ねん、ねやまの

ねん ねん、ねやまの こめやま ち、
ちゅー ちゅー、ねずみが ないて い た、
だいこく さ まの おつかい に、
ぼー やも は やく ねんねし な、

こめやの よこちょを と ー る と き、
なーんの よーかと き ー た ら ば、
ねんねー したこの おつかい に、
だいこく さーまへ まい り ま す。

2. 名前呼び

ゆき ちゃん

は なこ ちゃん

だい すけ ちゃん

3. ギッチョギッチョ（トナエウタ）

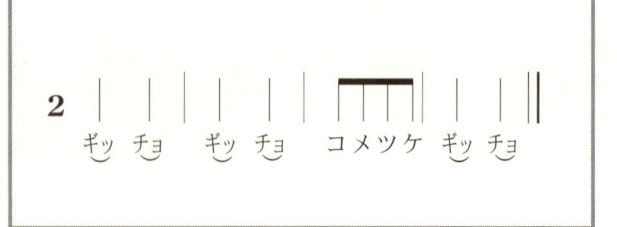

ギッ チョ ギッ チョ コメツケ ギッ チョ

4. イナイイナイバー

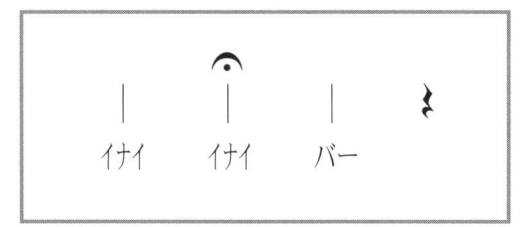

| イナイ | イナイ | バー |

5. いもむしごろごろ

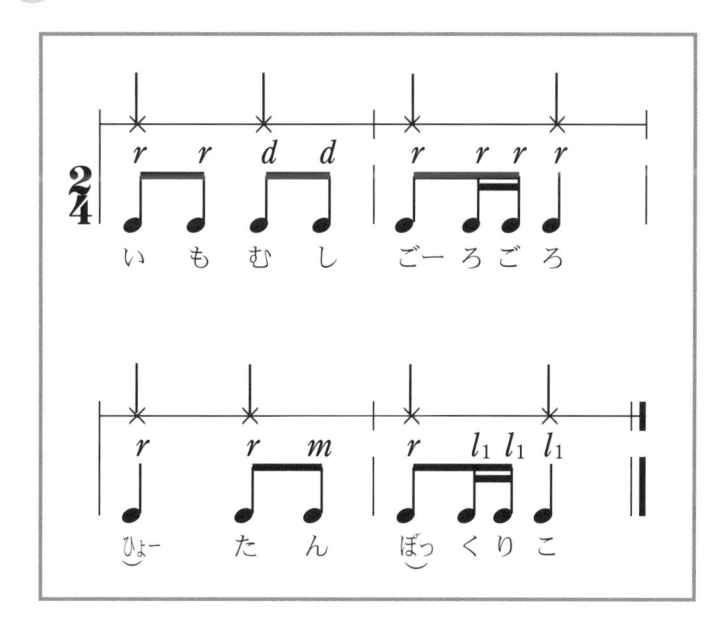

いもむし ごーろごろ
ひょーたん ぼっくりこ

6. かくれよ ばー

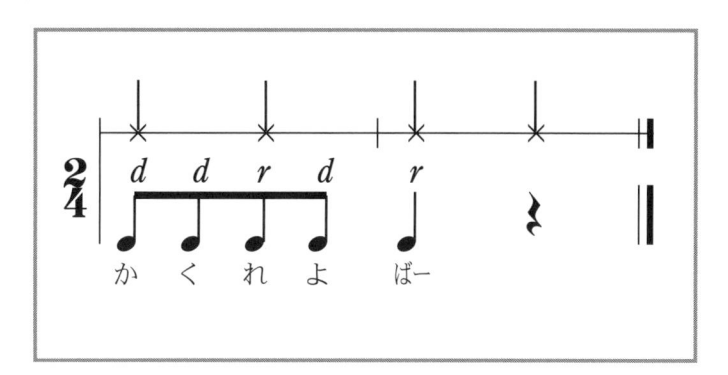

かくれよ ばー

7. もみすりおかた

```
rrdd rrl₁ rrrddd rrrl₁
```
もみすり おかた，もみが なけりゃ かしましょ，

```
rrdd rrl₁ rrr dd rrl₁
```
もみまだ ござる，うすに さんじょー，みに さんじょー，

```
rrdd rrrr r
```
すって すって，すりこかせ！

8. ジーカイテポン

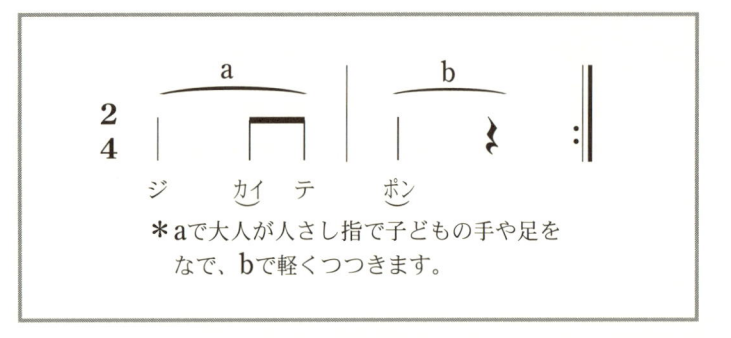

ジ カイ テ ポン

＊aで大人が人さし指で子どもの手や足を
なで、bで軽くつつきます。

9. でこちゃんはなちゃん

× × × × ○ ○ ○ ×
```
rdd rdd rdl₁ l₁r
```
でこちゃん はなちゃん きしゃぽーっぽ
（額） （鼻頭） （頬） （頬）

人さし指で、×つつく、○円を描く。

10. チョチチョチ・カイグリカイグリ・オツムテンテン（トナエウタ）

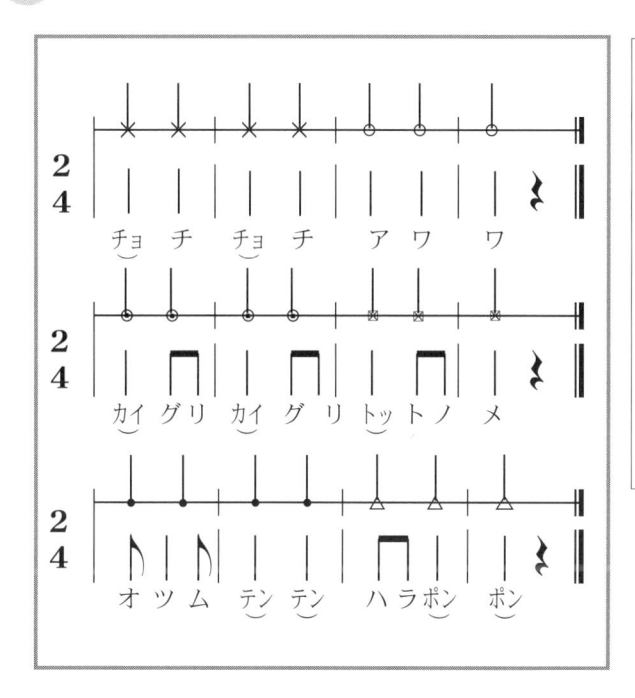

チョ チ　チョ チ　ア ワ　ワ

カイ グリ　カイ グリ　トットノ メ

オ ツム　テン テン　ハ ラポン　ポン

- ✗ …… 両手をうつ.
- ○ …… 口にかるく手をあてる.
- ⊙ …… 両手交互にぐるぐる回す.
- ⊠ …… 右人差指で左の手のひらをつつく.
- ● …… 頭をかるくさわる.
- △ …… 腹をかるくたたく.

11. ドドッコヤガイン（トナエウタ）

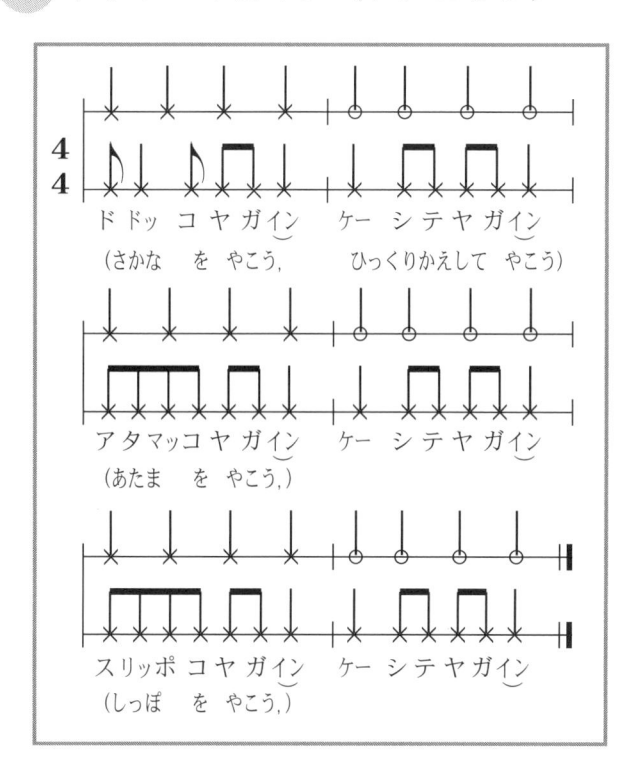

ド ドッ コ ヤ ガ イン　ケー シ テ ヤ ガ イン
（さかな　を　やこう,　ひっくりかえして　やこう）

ア タ マッ コ ヤ ガ イン　ケー シ テ ヤ ガ イン
（あたま　を　やこう,）

ス リッポ コ ヤ ガ イン　ケー シ テ ヤ ガ イン
（しっぽ　を　やこう,）

付録 わらべうた楽譜集

12. コゾーネロ・オイシャネロ（トナエウタ）

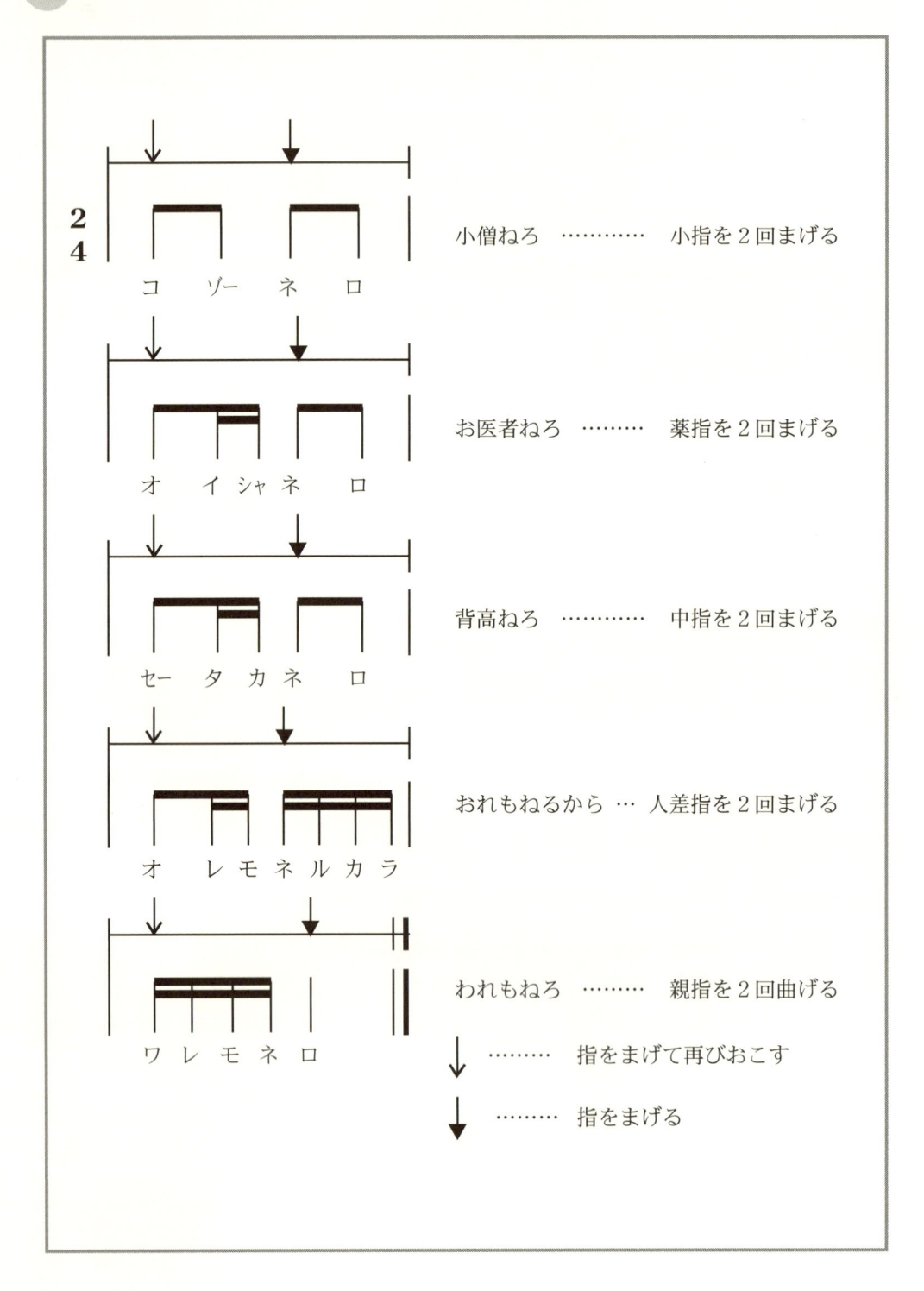

$\frac{2}{4}$

コ　ゾー　ネ　ロ　　　　　小僧ねろ　………　小指を2回まげる

オ　イシャ　ネ　ロ　　　　お医者ねろ　………　薬指を2回まげる

セー　タカ　ネ　ロ　　　　背高ねろ　………　中指を2回まげる

オ　レモネルカラ　　　　　おれもねるから　…　人差指を2回まげる

ワレモ　ネ　ロ　　　　　　われもねろ　………　親指を2回曲げる

↓　………　指をまげて再びおこす

↓　………　指をまげる

13. アシアシアヒル（トナエウタ）

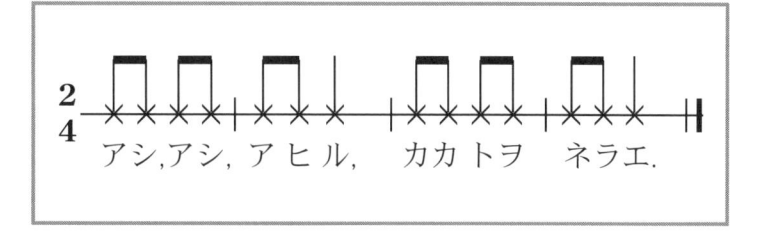

$\frac{2}{4}$ アシ,アシ, アヒル, カカトヲ ネラエ.

14. ドッチンカッチンカジヤノコ

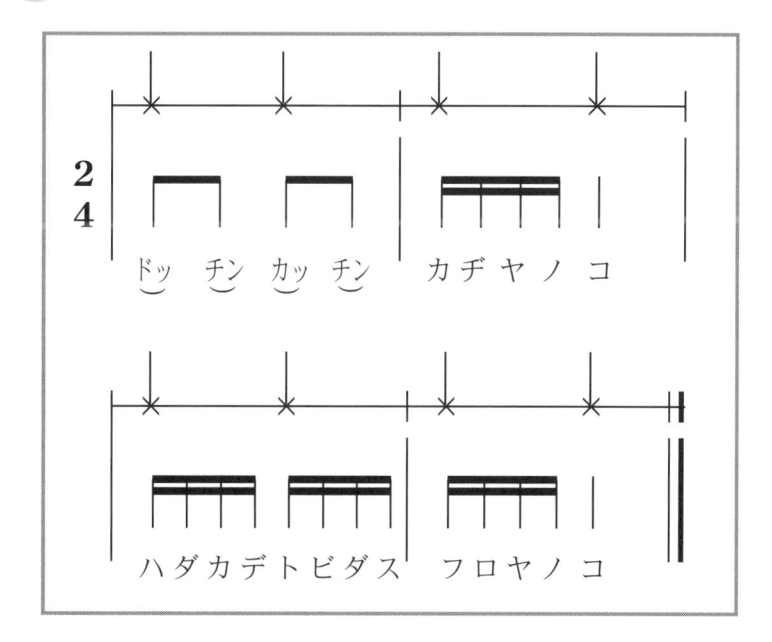

$\frac{2}{4}$ ドッ チン カッ チン カヂヤノコ

ハダカデトビダス フロヤノコ

15. チュッチュコッコ（トナエウタ）

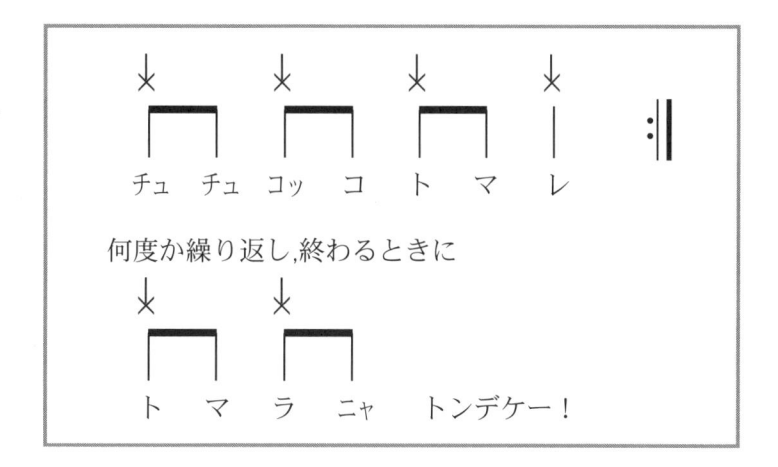

チュ チュ コッ コ ト マ レ

何度か繰り返し,終わるときに

トマラニャ トンデケー！

付録 わらべうた楽譜集

16. うえからしたから

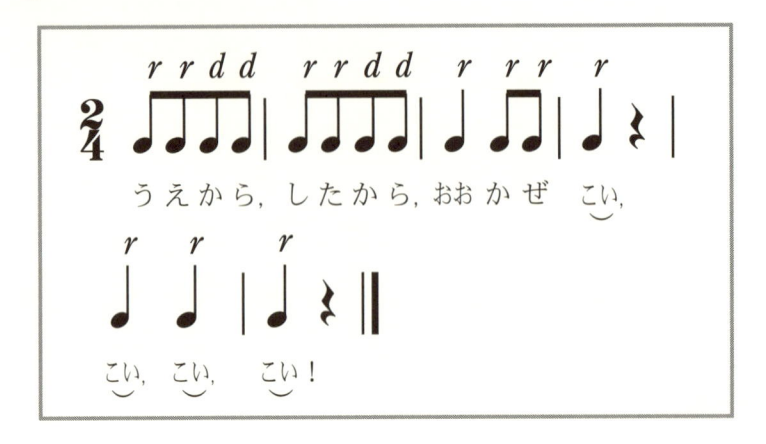

うえから, したから, おおかぜ こい,
こい, こい, こい！

17. ももや　ももや

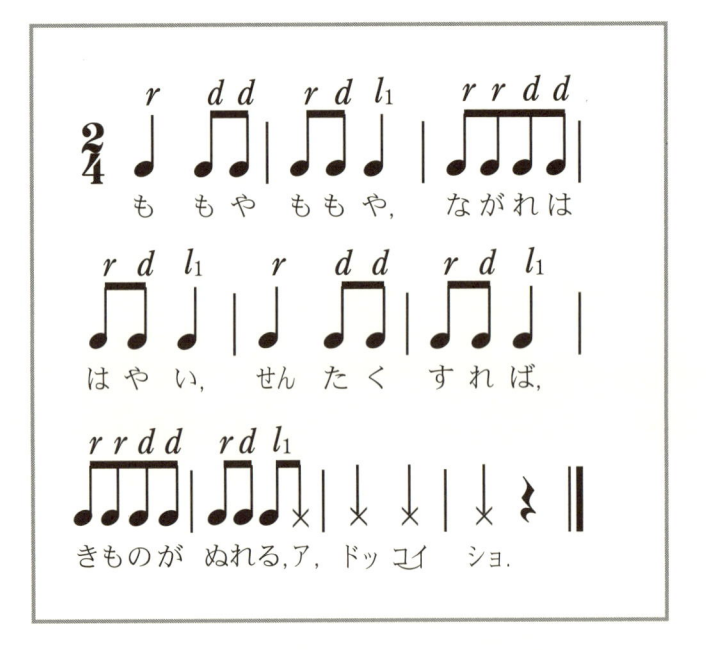

も もや ももや, ながれは
はやい, せん たく すれば,
きものが ぬれる, ア, ドッコイ ショ.

18. このこどこのこ

このこ, どこのこ, かっちん こ.

19. こりゃどこの

```
    r  r   r mm  r  r    l₁    r dd
2/4 ♩ ♩ | ♩ ♫  | ♩ ♩ | ♩ ‚ | ♩ ♫ |
    こりゃどこの  じぞう さ?  うみの

  d mm   r  r    l₁    r dd  d dd   r
  ♩ ♫ | ♩ ♩ | ♩ ‚ | ♩ ♫ | ♩ ♫ | ♩ ‚ ‖
  はたの じぞうさん、 うみに つけて,どぼーん!
```

＊「人持ち遊び」と呼ばれるうたです。

＊人持ち遊びにもいくつかの遊び方があります。

・大人が子どもを両脇から抱いて、うたの鼓動（拍）に合わせて振り子のように揺らしてあげる。

・大人二人で子どもの頭（肩側）と足をそれぞれ持ち、うたの鼓動（拍）に合わせて左右に揺らしてあげる。また、この足側の役を他の二人の子どもに任せる（片足ずつ持ってもらう）。

など、年齢や発達段階に合わせ、いろいろな遊び方が考えられます。

＊いずれも、平衡感覚にはたらきかける動きをもった遊び方ですが、決して激しい揺れやスリルを追求する遊びではありません。美しく優しい歌声にのってゆらゆらと揺らしてもらう心地よさを味わえるようなゆったりとした遊びにしていきましょう。

＊以上のような人持ち遊びの他にもいろいろな遊びが楽しめます。

・子どもと向かい合い、子どもの両手をとり、うたの鼓動（拍）に合わせ、左右に、あるいは上下に振ってあげ、『どぼーん』のところでその手を高く上げてあげたりしゃがみこんだりする。

・「ひざのせ遊び」をして『どぼーん』のところで床に降ろしてあげる。

・人形やぬいぐるみをのせた布を大人と二人で、あるいは子ども同士で持って揺らし、『どぼーん』のところでその布を床に着けるようにする。

など、さまざまなバリエーションが考えられ、たっぷりと楽しめるうたです。

20. おつきさんこんばんは

おつき さん こんばん は
お はい り じゃん けん ぽん
まけたら でなさい おつき さん

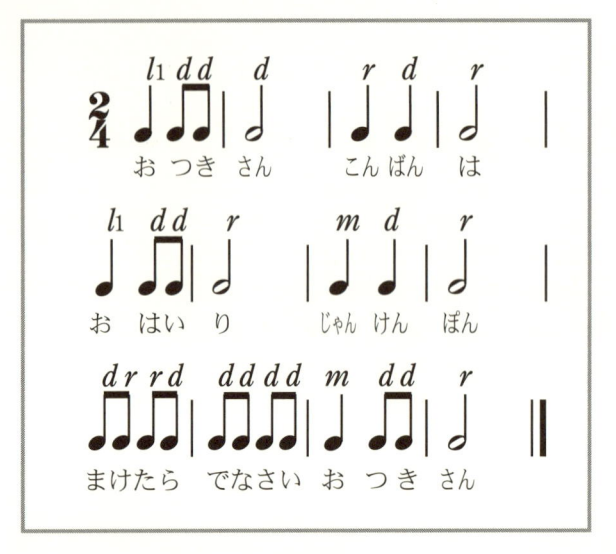

21. おつきさまえらいの

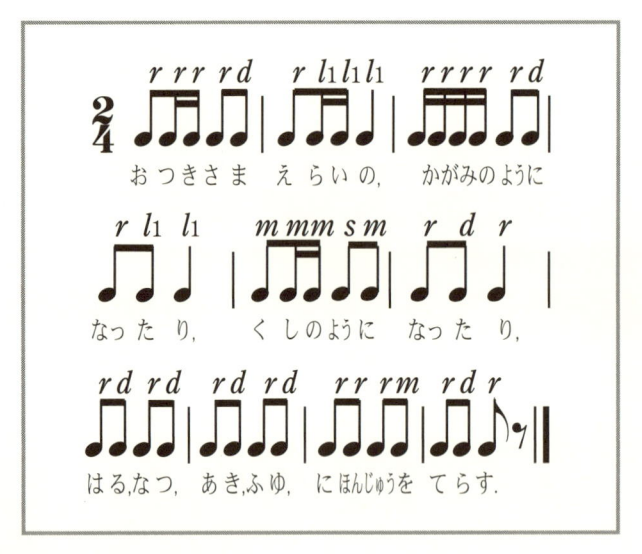

おつきさま えらいの, かがみのように
なったり, くしのように なったり,
はる,なつ, あき,ふゆ, にほんじゅうを てらす.

22. こめついたら

こめ ついたら はな そう, ハ ナシタ！

何度かくり返し終わる時にいう

23. だるまさん

だるまさん, だるまさん, にらめっこ しましょ,
わらうと まけよ, あっ, ぷ, ぷ！

24. バッタンバッタン（トナエウタ）

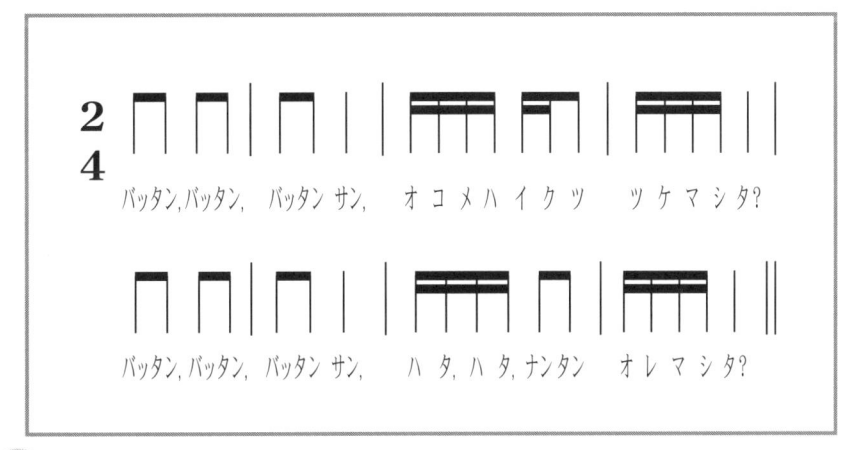

バッタン, バッタン, バッタン サン, オコメ ハ イ クツ ツケ マ シ タ？
バッタン, バッタン, バッタン サン, ハ タ, ハ タ, ナンタン オレ マ シ タ？

25. つーながれ

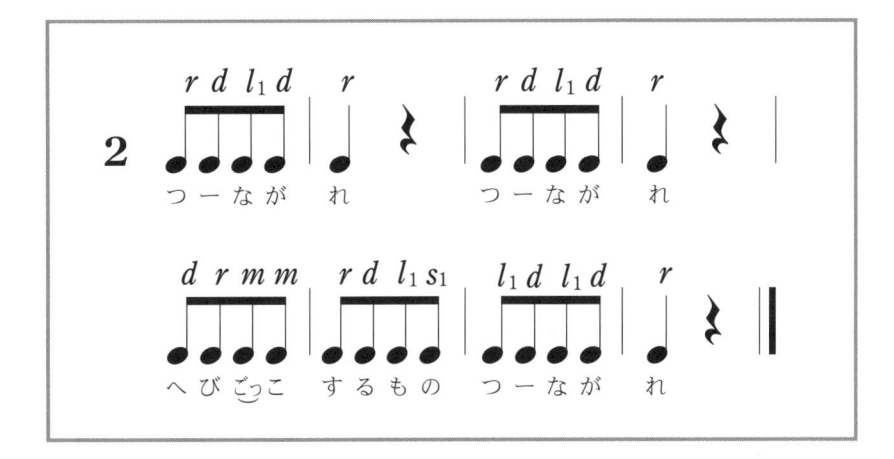

つー な が れ　つー な が れ
へび ごっこ する もの つー な が れ

26. ひっとり ふったり

2/4 | r r r d d d | r r d l₁ | l₁ d r r d | r r r r ||
ひっ とり, ふっ たり, さんめのこ, よって たかって しらみのこ

27. いっちくたっちく

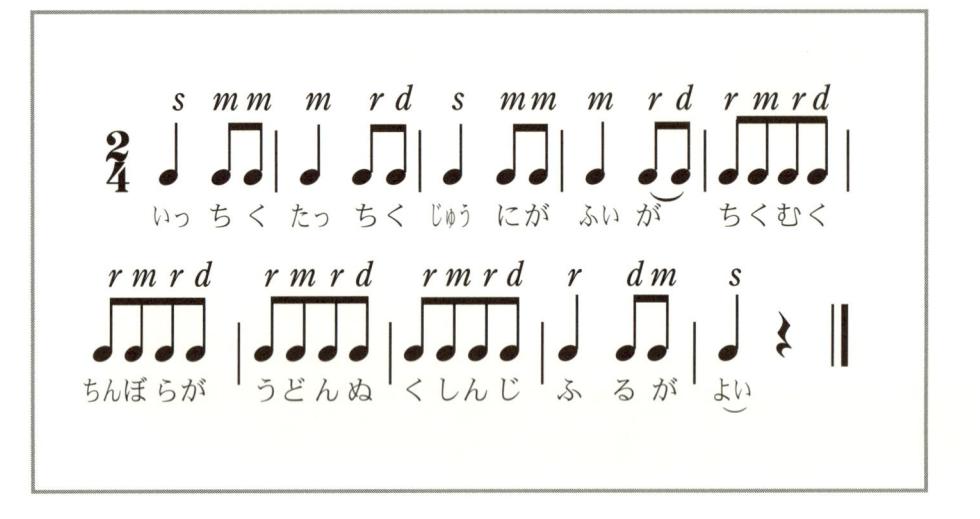

2/4 | s m m | m r d | s m m | m r d | r m r d |
いっ ちく たっ ちく じゅう にが ふい が ちく むく

| r m r d | r m r d | r m r d | r d m | s ||
ちんぼらが うどんぬ くしんじ ふ る が よい

28. いちじく にんじん

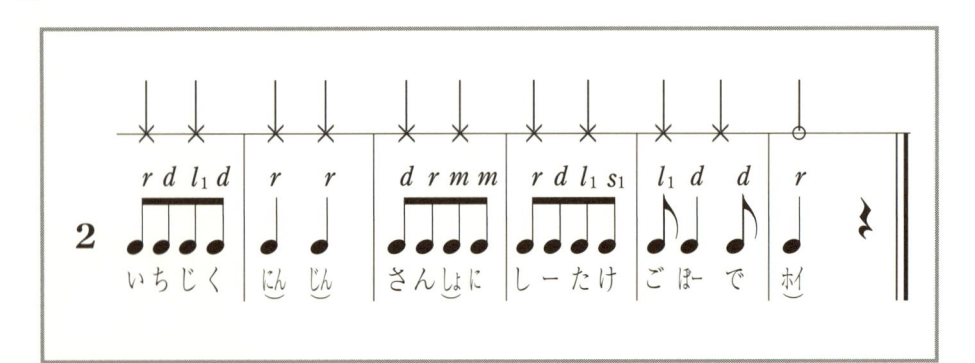

2 | r d l₁ d | r r | d r m m | r d l₁ s₁ | l₁ d d | r ||
いちじく にん じん さんしょに しーたけ ごーぼで ホイ

29. いたちごっこ

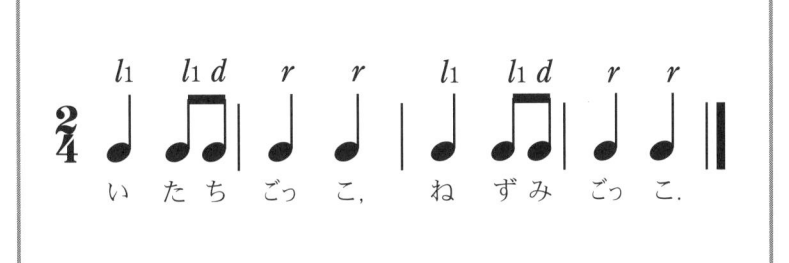

l_1 l_1 d r r l_1 l_1 d r r

い　た　ち　ごっ　こ,　ね　ず　み　ごっ　こ.

30. いちばちとまった

r r d d r r r

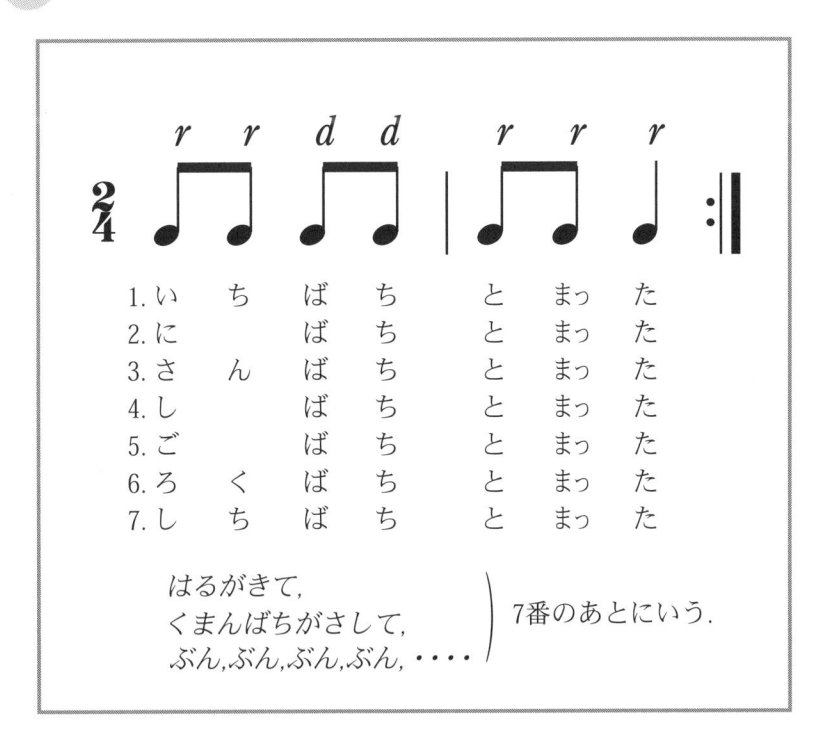

1. い　ち　ば　ち　と　まっ　た
2. に　　　ば　ち　と　まっ　た
3. さ　ん　ば　ち　と　まっ　た
4. し　　　ば　ち　と　まっ　た
5. ご　　　ば　ち　と　まっ　た
6. ろ　く　ば　ち　と　まっ　た
7. し　ち　ば　ち　と　まっ　た

はるがきて,
くまんばちがさして,　）7番のあとにいう.
ぶん,ぶん,ぶん,ぶん,・・・・

---

* わらべうたには、メロディのあるものと無いものとがあり、後者を〈トナエウタ〉と呼び、区別するために片仮名で表記します。
* わらべうたは、ひとつの歌でいくつもの遊びができます。本書にてご紹介した遊び方は、その一例です。それぞれの月齢や年齢、子どもとの関係、場面などでバリエーションを広げてください。

◆あとがき

　日々、めまぐるしい発展、進化を遂げていく現代社会に伴い、そこで生まれ育っていく子どもたちと親をとりまく環境も大きく変化していきます。そして、それらがもたらすものは決してよいことばかりではなく、豊かになる一方で消去、置き去りにされていくものも多く、大切な何かが失われつつある現代は、子どもにとって非常に厳しく生きにくい時代であるともいわれています。そうした困難な時代であるからこそ、子と親の最も身近な隣人となれる、なるべき保育園には、この社会において果たすべき役割について見直すとともに、各園や保育士ひとりひとりにおいて日常的な保育のあり方を振り返り、それぞれの保育観や実践力を高め豊かにしていく努力を続けていくことが要求されるでしょう。

　社会状況、なかでも親の就業形態、その多様化の影響を直接受けるのが子どもであり、そこで、保育園および保育のあり方が叫ばれるのです。殊に、産休明けからの0歳児保育をはじめとする、保育園関係において一般に「乳児期」と範囲広く呼ばれる0歳児、1歳児、2歳児までの「乳児保育」が担う役割は大きく、抱える課題も多大です。親との一対一のかかわりが必要な乳児期は、人を信頼することを覚え、心身ともにより人らしく成長発達を遂げていくとても大切な時期です。その時期にありながら集団により形成される保育園で過ごすということの意味――集団であればこそ育つもの、得るものはもちろんのこと、集団であっても個を見失うことなく大切に育てること――を考えなければなりません。ひとりひとりを大切に育てる保育は、子どもがひとりの人として育ちゆく原点となる乳児期に始まるということです。そして、そういった保育観を思想としてとどめるのではなく日々の保育の中で実践、具体化していくのが私たち保育士の仕事です。

　乳児の集団では、発達等個人差が大きく、ひとりひとりが各々の段階にあり、それらが並行し成長発達をしていくという状況があります。そこでは当然、画一的ではない個々の発達に見合った保育が必要となってくるのです。それは、育児（生活）と遊びの両側面からいえることです。乳児期の成長が育児と遊びとによってなされ、なかでも遊びは、子どもが自己実現をしていくうえでの大きな役割を占めるといえるでしょう。乳児保育の中でひとりひとりの遊びを助け、育ちにつなげていくためにはどのようなことが考えられるか――乳児と遊ぶとは、遊びが発達を助けるとは、実際にはどういうことなのか――、ここに、実践より具体的な遊びをあげ分析してみました。

　本書は、『げ・ん・き』（エイデル研究所）№.62よりスタートし現在も連載中の「うたと積木とおはなしと」の№.68分までについて、そこに載せきれなかったものや書き足りないこと等を加え、あらためてまとめなおしたものです。乳児期からの運動発達、知的発達、心

理的発達を高めてくれ、幼児期へとつながり広がっていく遊びのひとつ、「積木遊び」を軸としながら、子どもの成長にとって重要な役割を担う乳児期からの能動的な遊びについて、さまざまな遊びを折り込み考えてみました。それらは、実践からまとめたものではありますが、単なる実践報告集で終わらぬよう、主観や偏りがあらわれぬよう心掛け、実践から見出せる事柄を客観的視点をもってとらえ、考察する努力を致しました。

　時代や地域、園、保育士個人によってもさまざま、十人十色の保育観、保育論、しかし、ひとりひとりの子どもの幸せを願うという普遍的な思いは同じであると信じ、本書が微力ながらも、保育に携わる方々にとっての何らかの参考、きっかけになれば幸いです。

　なお、本書記載の写真は、発達の様子やご紹介した遊びとその分析のイメージの助けとして選びましたが、子どもの姿、道具と遊び方、その可能性はそれぞれの場でさらに広げていただけると嬉しいです。また、合わせて、わらべうた遊びや絵本の解釈についても同様で、その可能性、答えはひとつではないでしょう。わらべうたについては、そのうたや遊びの基本をおさえつつ対象となる子どもや場面に添ったいろいろなバリエーションを楽しむことができますし、絵本については、まだまだたくさんのよい作品がありますし、それら作品のとらえ方、解釈も読む人の数だけあるでしょうし、またその自由さが絵本の楽しさであるとも考えられます。どうぞ、どちらも保育士自身それぞれの感性をフルにはたらかせ子どもとともに楽しんでみて下さい。きっと保育に広がりが生まれることでしょう。かく言う私自身も今後も努力を続けてまいりたいと決意あらたにする思いです。自分自身の保育姿勢にも叱咤するように書き綴ってきた本文と合わせて。

　最後になりましたが、本書編集にあたり、ご尽力、ご指導下さったエイデル研究所編集長、新開英二さん、さまざまなご協力を頂いたかしのき保育園副園長、福島真さん、りすのき保育園園長、浅井典子さん、そして、保育の基盤を築かれ、これまでも今もなおご指導下さり、この実践をともに積み上げてきて下さった諸先輩方をはじめとするかしのき保育園の皆様、イラストをご提供下さった高橋由起子さん、すべての方々に心より感謝申し上げます。そして何より、心きらめく素敵な瞬間とたくさんの発見、喜びのときをくれたすべての子どもたちとそのご家族の皆様に感謝致しますとともに、子どもたちの今後のさらなるすこやかな成長を心よりお祈り申し上げます。

2002年7月

渡邊葉子

●プロフィール

渡邊葉子（わたなべようこ）

　白梅学園短期大学保育科卒業後、東京都多摩市、社会福祉法人至愛協会かしのき保育園にて保育士として勤務。十数年にわたり撮りためた保育写真と実践をもとに、本書をまとめる。

▼参考文献

- 0歳児クラスの保育実践（中央法規出版）
- 0歳児クラスの楽しい生活と遊び（明治図書）
- コダーイシステムによる乳児のための音楽あそび
　　　　　　　──日本の子どものための新しい音楽教育──　藤田恵一著（藤田音楽研究所）
- コダーイシステムによる音楽あそび
　　　　　　　──日本の子どものための新しい音楽教育──　藤田恵一著（藤田音楽研究所）
- 新訂わらべうたであそぼう　乳児のあそび・うた・ごろあわせ　コダーイ芸術教育研究所著（明治図書）
- 新訂わらべうたであそぼう　年少編・付）文学あそび　コダーイ芸術教育研究所著（明治図書）
- 新訂わらべうたであそぼう　年長編・付）文学あそび　コダーイ芸術教育研究所著（明治図書）
- いっしょにあそぼうわらべうた　0・1・2歳児クラス編　コダーイ芸術教育研究所著（明治図書）
- ニキティキが選んだヨーロッパの玩具（カタログ）
- 福音館の児童書目録2001（福音館書店）

▼第1部写真

『げ・ん・き』No.54（1999年6月）より

▼第3部イラスト

高橋由起子

うたと積木とおはなしと──遊びと発達

2002年9月30日　初刷発行	著　者　　渡邊葉子
2015年4月30日　3刷発行	発行者　　大塚智孝

印刷・製本　　中央精版印刷株式会社
発 行 者　　エイデル研究所
102-0073 東京都千代田区九段北4-1-11
TEL 03(3234)4641
FAX 03(3234)4644

©Watanabe Yoko
Printed in Japan　ISBN4-87168-347-8 C3037